FASZINATION FANKURVE

Band 2: Die Bilder und Themen des Jahres 2005

Stadionwelt®

FASZINATION FANKURVE 2: *Die Bilder und Themen des Jahres 2005*

HERAUSGEBER:
Stadionwelt
Thomas Krämer (V.i.S.d.P.)
Schloßstraße 23
D-50321 Brühl
Tel. (0 22 32) 57 72-0
Fax (0 22 32) 57 72-11
www.stadionwelt.de
info@stadionwelt.de

ISBN 3-00-017859-7

REDAKTION:
Stefan Diener
Ingo Partecke

MITARBEIT:
Maik Thesing
Matthias Ney
Matthias Bürgel
Pascal Göllner
Felix Guth
Johannes Mäling
Jens Presche

LAYOUT:
Kilian Schlang
Helga Wolf

BILDBEARBEITUNG:
x-tm, Michael Friebe

DRUCK:
Gebr. Klingenberg Buchkunst
Leipzig GmbH

UNSER HERZLICHER DANK
gilt allen, die zu diesem Buch beigetragen haben – ob mit Fotos, Ratschlägen, Informationen oder sonstiger Hilfestellung. Besonders herzlich möchten wir all jenen Fan-Fotografen danken, deren zuverlässige und engagierte Arbeit eine große Unterstützung für unsere Projekte bedeutet.

TITELFOTOS: www.curva-massilia.com, fcb-fanfotos.de / Marco Schwanke, Stadionwelt

FOTOS: Alle Fotos © Stadionwelt (u. a. Stefan Diener, Ingo Partecke, René Galuba, Tobias Rathjen, Andy Sanders, Johannes Schäfer, Michael Seiss, Gerrit Starczewski, Michael Titgemeyer, Helga Wolf)

Weitere Fotoquellen:

Fanseiten im Internet: www.bielefeld-fotos.de / Thomas F. Starke (14), www.lostboys99.de / Markus Steiger (13), www.fcb-fanfotos.de / Marco Schwanke (11), www.pumuckl94.de (10), www.groundhopping.de / Ansgar Spiertz, Almut Schmoll (8), www.hfc-fanatics.de (7), www.gate13.gr (6), www.alarmstufe-blau.de (5), www.curva-massilia.com (4), www.fotomarti.com / Roberto Martinelli (4), www.kultliga.de (4), www.super-fortuna.de (4), www.bfc-suedwestpfalz.de / Florian Schwarz (3), www.jawattdenn.de (3), www.lrahlenfans.de (3), www.rhein-main-fussball.de (3), www.super-sonics.com (3), www.ui96.net (3), www.ultrashapoel.com (3), www.anno1905-bielefeld.de (2), www.blue-army.com (2), www.borussiafotos.de (2), www.hallygally.ch / Aled Brooks Evans (2), www.hertha-inside.de (2), www.lev-rheinland.de / Andreas Mohr (2), www.rheinhessen-on-tour.de (2), www.schalke-fotos.de / Andreas Seiler (2), www.svk1899.de / Sebastian Kreuzer (2), www.tsvsupport.de (2), www.vanontour.de.vu (2), www.veilchenpower.de / Sven Söllner (Sölli) (2), www.1848iger.de / Robert Falkenreck (1), www.96koelsch.de (1), www.aktive-guetersloher.org (1), www.clubfans-online.de (1), www.curvamonasteria.de (1), www.die-eisernen.de (1), www.dummkutten.de (1), www.dutchtifo.com (1), www.eintr8-4ever.de (1), www.fcbworld.ch (1), www.forza-roma.de (1), www.glubb.tv (1), www.hachingfotos.de (1), www.kampftrinker.at (1), www.lauternfotos.de (1), www.los-estadios.de (1), www.losbremos.de (1), www.meenzer-metzger.de / Fabian Beyer (1), www.msvportal.de (1), www.ohaime.com (1), www.planete-lens.com (1), www.provinzler.de / Stefan Meier (1), www.red-northstar.de / Andreas von dem Berge (1), www.rodaworld.nl (1), www.rotblauefalken.de (1), www.schwatzgelb.de (1), www.sektion-essen-ultras-kr.de (1), www.supporters-wolfsburg.de (1), www.vfl4you.de (1), www.wobontour.de (1)
Gruppen und Fanclubs: Baden Maniacs (8),Bultras Dynamo (7), Suptras (6), Vak 410 (6), Fankreis VfB Lübeck (5), Supras / Philippe Bardant (5), Tornados Rapid / Andi Dietrich (5), Die feuchten Biber (4), MT96 (4), Wilde Horde '96 (4), Haching Supporters Crew (3), Red Fighters (3), Red Kaos (3), The Babis Crew (3), Ultras Aue / Illmatic (3), Violet Crew / Fabian Flohre (3), Wuppertaler Supporter Vereinigung (3), Brigate Rossonere (2), BU0912 (2), Eastside '97 / Vogel (2), Ehrenwerte Gesellschaft Aalen (2), Handtuchmafia (2), Pro-RHS (2), Reactive Support Group (2), Red & White (2), Viola Hurricanes (2), Blue Yankees '98 (1), Das rote Gen (1), Desperados (1), Diablos (1), Djangos Leverkusen / Flash (1), Fanbundesverband (1), Fly Agaric (1), Green Törtles Oldenburg (1), Horda Frenetik (1), HSV + SGW (1), Ilseder Löwen (1), Komakolonne Bocholt (1), Pfälzer Löwen (1), Red Firm (1), Rude Boys Augsburg (1), Saar United / Virage Est (2), The Unity (1), Ultras 1910 / Eike Schulze (1), Ultras Bochum (1), Ultras Fürth (1), Ultras Gelsenkirchen (1), Ultras Mannheim (1), Ultras Mönchengladbach (1), Ultras Regensburg (1), Ultraszene Mainz (1), Wild Boys Essen (1)
Fanzines: Adeptos / Luis Monteiro (10), Ultras Magazine (8), Mentalita Fanzine (2), Blue Light / Sebastian Peckelsen (1), FANmagazin / Buchegger (1), (Pf)lästerstein (1)
Fotografen: Mike Redmann (49), Deister-Pics / Stefan Zwing (14), Henryk Hoschkara (8), Claude Rapp (8), Andy McIntyre (FC United) (7), Marco Wedler (7), Robin Koppelmann (6), Effi (5), Michael Bader (4), Sven Hornung (4), Robert Krippgans (4), PhotomafiA / Fabian Budde (4), Peter Reiser (4), Josef Gruber (3), Felix Poltermann (3), Rupert Bogensperger (2), FR-Schneegi (2), Christian Koller (2), Otto Kreissl (2), Philipp Lumma (2), Mazza (2), Stefan Paster (2), Lionel Raffin (2), Robert Schönenberger (2), Sebastian Strauch (2), Michael Strzelec (2), Matthias Bürgel (1), El Klugo (1), Christian Faubel (1), Matthias Fockmann (1), Ronni Frei (1), Dominik Fried (1), Marcus Gallinat (1), Christian Grenda (1), Sascha Grossenbacher (1), Thomas Grotheer (1), Holger Heinemann (1), Hussi (1), Frank Hüttenberger (1), Matthias Kaiser (1), Alexander Kipp (1), Thomas Lang (1), Lemi (1), Mike Louis (1), Christian Meister (1), PR-Di (1), Thomas Rudolf (1), Michael Schnelle (1), Marco Schorn (1), SportPresseFoto / Stefan Rittershaus (1), Dominik Stegemann (1), Bastian Trojahn (1), Emil Valentic (1), Marc Wördehoff (1), WoRü (1)

Bei Erscheinen des vorliegenden Bandes geht das Jahr 2005 zu Ende, nicht jedoch die Saison 2005/06. Diese war bislang, davon legen die folgenden Seiten ein eindrucksvolles Zeugnis ab, geprägt von etlichen Aktionen der aktiven Fans in ihren Kurven.

Ein großer Teil dieser mitunter aufwändig produzierten Tribünenkunstwerke beschäftigte sich kreativ mit jeweils vereinsspezifischen Themen oder dem anstehenden Spiel – und einiges geschah einfach nur aus Spaß.
Ein weiterer großer Teil der Aktionen allerdings stand unter dem Zeichen des Protests. Dass vieles im Umfeld des Fußballs nicht im Sinne der Fans läuft, trat im abgelaufenen Jahr durch die immense Fülle von Meinungsbekundungen in den Stadien und angesichts der Demonstrationszüge wohl deutlicher hervor als in allen vorangegangenen Jahren.

Da Bilder zwar in vielen Fällen für sich sprechen, in bestimmten Fällen aber keine fanpolitischen Zusammenhänge erläutern können, bieten wir in einigen Artikeln Zusammenfassungen verschiedener zentraler Themenkomplexe des Jahres. Das Tauziehen der Fans mit den Vereinen und Institutionen um Änderungen beim Verfahren um Stadionverbote stand und steht weiterhin aus Fansicht ganz oben auf der Agenda. Ferner geht es immer wieder um die Verschärfung der repressiven Maßnahmen im Vorfeld der WM und die Unzufriedenheit mit dem »modernen Fußball«.

Wir haben uns bemüht, diese Themen, obwohl sie im Grunde miteinander in Zusammenhang stehen, zu sortieren und getrennt voneinander aufzuarbeiten. Hierbei handelt es sich um Bestandsaufnahmen zu Vorgängen, mit denen viele Leser selbstverständlich bestens vertraut sind. Die Artikel sollen aber dazu dienen, in einem oder in mehreren Jahren einen kompakten Zustandsbericht von 2005 zur Hand zu haben. (Wir sind gespannt, wie sich die Lage in einem Jahr, wenn der »WM-Hype« hinter uns liegt, darstellen wird).
Zudem sei erwähnt, dass wir im Stadionwelt-Magazin regelmäßig aktuell über die neuesten Entwicklungen berichten.

Ein Wort zur Bildauswahl: Diese kann – besonders im internationalen Teil – keinen Anspruch auf lückenlose Dokumentation stellen. Andererseits dürfte es beinahe unmöglich sein, noch mehr Material zusammenzutragen als im vorliegenden Buch.

Stadionwelt, Dezember 2005

THEMEN DES JAHRES – DEUTSCHLAND

BILDER DES JAHRES – DEUTSCHLAND

THEMEN DES JAHRES – INTERNATIONAL

BILDER DES JAHRES – INTERNATIONAL

THEMEN DES JAHRES – DEUTSCHLAND

Demonstration im Juni 2005 in Frankfurt

»Fußballfans sind keine Verbrecher«

Demonstrationen, Flugblätter, Informationsveranstaltungen, Transparente, Stimmungsboykott – das Jahr 2005 stand im Zeichen zunehmender Proteste der Ultragruppen.

Während der letzten 15 Jahre hat das Engagement von Fußballfans deutlich zugenommen, und es beschränkt sich nicht mehr hauptsächlich auf die Unterstützung der eigenen Mannschaft und die Organisation von Auswärtsfahrten. Auch die Themenschwerpunkte haben sich gewandelt. Stand Mitte der 90er Jahre noch der Einsatz für den Erhalt der Stehplatzbereiche im Vordergrund, verschafften sich die Anhänger 2001 insbesondere mit der bundesweiten Kampagne *Pro 15:30*, die sich für fanfreundliche Anstoßzeiten einsetzte, zumindest für eine Weile Gehör bei Vereinen, Medien und Verbänden.
In den letzten Jahren ist jedoch ein anderes Thema in den Mittelpunkt gerückt. Fußballfans, hierbei vor allem die aktiven (Ultra-)Gruppen der jeweiligen Fanszenen, wehren sich gegen die gängige Stadionverbotspraxis und die repressive Behandlung durch Polizei und Ordnungsdienste. Dabei stehen weite Teile der aktuellen Sicherheitspolitik, so auch die Datei »Gewalttäter Sport«, im Zentrum der Kritik.
Anfangs machten in erster Linie lokale Aktionen auf Vorfälle beim letzten Spiel oder möglicherweise zu Unrecht ausgesprochene Stadionverbote aufmerksam. Nach und nach blickten jedoch immer mehr Fans über den Tellerrand und setzen sich für die Anhänger anderer Clubs ein, indem sie beispielsweise per Spruchband Solidarität mit anderen betroffenen Fangruppen demonstrierten.
Auch *Pro Fans*, die Nachfolge-Organisation von *Pro 15:30*, sowie das *Bündnis Aktiver Fußballfans* (*BAFF*) nahmen sich dieser Problematik an. Sie bemühten sich, Gruppen von verschiedenen Vereinen an einen Tisch zu bekommen, um gemeinsame Ziele zu formulieren und die Medien und die Öffentlichkeit durch Presseerklärungen und andere Formen von Informationsarbeit zu sensibilisieren. Es gab verschiedene Aktionstage, wie beispielsweise die Kampagne *in dubio pro Fans*, bei der in den Stadien bundesweit gleich lautende Transparente zu sehen waren. Am 6. und 7. Spieltag der Saison 2004/05 beteiligten sich Fans zahlreicher Vereine an der Plakat-Aktion »Jeder Kriminelle hat mehr Rechte. Für Anhörungsrecht bei Stadionverbot!«
Damit wollte man insbesondere den Druck auf den DFB aufrechterhalten. Dieser hatte nach einem Treffen mit Fanvertretern zu Beginn der Saison zugesagt, die Stadionverbotsrichtlinien zu überarbeiten.

Anfang 2005 ließen die angekündigten Veränderungen jedoch noch auf sich warten. Das veranlasste *Pro Fans*, auf einem bundesweiten Treffen im Januar 2005 noch einmal die zentralen Forderungen zu formulieren: Verhältnismäßigkeit statt Willkür bei der Aussprache von Stadionverboten sei zwingend erforderlich. Daher müssten die Richtlinien klarer definiert werden. Eine Prüfung jedes einzelnen Sachverhaltes sei nötig, folglich dürfe nach Vorfällen kein Automatismus in Gang gesetzt werden. Eine Anhörung vor der Verhängung des Stadionverbotes sei erforderlich. Zudem müsse der Bezugsverein, also der, dessen Fan der Betroffene ist, die Möglichkeit haben, das Stadionverbot aufzuheben und im Idealfall sogar die Leitung des Verfahrens zu übernehmen. Weiter stellten die Fanvertreter die Forderung auf, dass im Falle der Einstellung eines möglichen strafrechtlichen Verfahrens nach einer Prüfung auch das bundesweite Stadionverbot aufzuheben sei.

Gemeinsame Demonstration zum Jahresbeginn in Mainz

Gleich zum Auftakt der Rückrunde kam es im Januar dann zu einer Aktion mit Seltenheitswert. Vor dem Bundesligaspiel des FSV Mainz 05 gegen den VfB Stuttgart demonstrierten Anhänger beider Vereine gemeinsam. Rund 000 Fans versammelten sich am Mainzer Hauptbahnhof und hielten dort eine Kundgebung ab, in deren Rahmen Vertreter der *Ultraszene Mainz* und des Stuttgarter *Commando Cannstatt* sowie der VfB-Fanbeauftragte in Redebeiträgen die Verfahrensweise bei Stadionverboten kritisierten. Anschließend setzen sich die Teilnehmer der Versammlung als Demonstrationszug in Richtung Stadion in Bewegung.
Eine weitere gebündelte Aktion folgte im März. »Fanemotion statt/trotz DFB-Repression« war zwischen Hamburg und München in vielen Stadien zu lesen. Ein Protest auch vor dem Hintergrund, dass es noch immer keine Änderun-

Besonders in Stuttgart waren Protestbanner ständige Begleiter der Spiele

gen in den Stadionverbotsrichtlinien gab. Jedoch blieben Signale aus der Frankfurter DFB-Zentrale weiterhin aus, und neue Vorfälle in den Stadien verschlechterten das Klima deutlich. Es fand kaum noch ein Spieltag ohne Protestaktionen statt.

Beim Spiel der Mainzer in Mönchengladbach attackierte die Polizei einen Bus der Gästefans, als Folge waren mehrere Verletzte zu verzeichnen. Auch ein Mitarbeiter des Fanprojekts wurde niedergeschlagen. Beim Auswärtsspiel von Hannover in Schalke wurde der Fanbeauftragte von Hannover 96 beim Versuch, deeskalierend zu vermitteln, von der Polizei brutal verprügelt. Und bei den Fans von Eintracht Frankfurt wurde die Freude über den Aufstieg durch harte Polizeieinsätze und massenhaft Stadionverbote getrübt. Nur wenige Beispiele von vielen, in den sich Fußballfans ungerecht behandelt fühlten.

Trotz neuer Richtlinien Protestmarsch in Frankfurt

Den organisierten Fangruppen reichte es. Für den Tag der Eröffnung der Confed-Cups meldeten sie in unmittelbarer Nähe des Frankfurter Stadions eine Demonstration unter dem Motto »Fußballfans im Abseits« an. Hierfür hatten sich verschiedene Fangruppen bundesweit vernetzt, allerdings nicht unter dem Namen *ProFans*, sondern als Zusammenschluss *Netzwerk für Fanrechte*. So wollten die Initiatoren möglichst viele Gruppen zur Teilnahme bewegen, da einige Gruppen nicht bereit waren, unter dem Namen von *ProFans* zu agieren. Im Rahmen der Demonstrationsvorbereitungen gerieten dann die lange erwarteten Änderungen der Stadionverbotsrichtlinien zum 1. Juni ein wenig in den Hintergrund. Möglicherweise auch, weil das Ergebnis nicht rundum für Zufriedenheit sorgte; nicht alle Forderungen von Fanseite waren umgesetzt worden. Immerhin: Teilerfolge wurden erzielt. So geben die Richtlinien bezüglich der Dauer von Stadionverboten explizit nur noch Höchstmaße vor, bisher hatten die meisten Vereine die Empfehlungen des Katalogs als festgelegte Frist aufgefasst. Zudem hat der Betroffene nun das Recht, nach Festsetzung eines Stadionverbots gehört zu werden. Das war zuvor nicht vorgesehen. Ein Erfolg, auch wenn die Forderung, eine Anhörung müsse vor der Verhängung erfolgen, nicht durchzusetzen war. Künftig können Fans nach der Hälfte des abgebüßten Stadionverbots eine Aufhebung beantragen, über die dann der zuständige Verein in Absprache mit Polizei, Fanbeauftragtem und Fanprojekt entscheiden kann – eine Chance für Betroffene, die seither nicht mehr negativ aufgefallen sind. Bei einer Einstellung eines möglichen polizeilichen Ermittlungsverfahrens ist künftig auch das Stadionverbot aufzuheben. Allerdings nur im Falle einer Einstellung aus Mangel an Beweisen. Fans kritisieren, dass beispielsweise der Grund »aus Geringfügigkeit« nicht aufgenommen wurde. Ebenso wird eine Sonderregel für jugendliche Ersttäter vermisst sowie eine Stärkung des Bezugvereins, der das Stadionverbot beispielsweise für Heimspiele aufheben könnte.

Fronttransparent der Frankfurter Demonstration

Eine von vielen Fragen am Rande der Demonstration

Das Banner der Wolfsburger

Dortmunder Block auf der Fandemo

Fans des VfB Stuttgart

Die Braunschweiger Fans in Frankfurt

Aus München angereist: Anhänger des FC Bayern

Proteste beim Spiel 1. FC Köln – Rot-Weiss Essen, …

… in Hamburg, …

… bei der Partie 1. FC Nürnberg – VfL Bochum, …

… VfB Stuttgart – Bayern München (gemeinsame Aktion der beiden Kurven), …

… beim Gastspiel der Rostocker in München, …

… in Braunschweig beim Match gegen Offenbacher Kickers …

… und beim Spiel Karlsruher SC – Eintracht Frankfurt

Innenminster reagiert auf Proteste

Am Tag der Demo kamen rund 2.000 Fans von mehr als 40 Vereinen mit Bussen und PKW nach Frankfurt. Diese Zahl ist umso beachtlicher, als keine öffentliche Mobilisierung stattgefunden hatte. Geworben wurde lediglich innerhalb der Gruppen.
Mit T-Shirts in Vereinsfarben und dem Aufdruck »Getrennt in den Farben, vereint in der Sache« zog die Demonstration in die Frankfurter Innenstadt. Viele der Parolen wie »Fußballfans sind keine Verbrecher!« sind seit diesem Tag auch in den Stadien zu hören. Die Tatsache, dass es friedlich geblieben ist sowie das positive Medienecho sorgten dafür, dass die Veranstalter im Anschluss an die Demonstration ein positives Fazit ziehen konnten. Und schon am selben Abend lud Otto Schily Fanvertreter für die kommende Woche zu einem Gespräch ins Innenministerium ein.
Zu diesem Treffen erschienen neben der *Koordinationsstelle Fanprojekte (KOS)*, *Pro Fans*, *BAFF* und dem *Netzwerk für Fanrechte* auch Vertreter der Polizei sowie des Organisationskomitees WM 2006. Zentrales Ergebnis: Es sollte eine Ombudsstelle geschaffen werden, an die sich Fußballfans wenden können, die ihrer Meinung nach zu Unrecht ein Stadionverbot erhalten haben, beziehungsweise deren Daten in die Datei Gewalttäter Sport aufgenommen worden sind. Die Stelle sollte dann zwischen allen Beteiligten vermitteln.

Stillstand verursacht neuen Unmut

So positiv der Vorschlag von Fanseite aufgenommen wurde, so groß war auch die Enttäuschung, dass das Vorhaben in der Folgezeit stagnierte. Das Innenministerium hielt sich sehr bedeckt bezüglich der weiteren Vorgehens-

In Berlin richten sich die Proteste besonders gegen die »Einsatzgruppe Hooligans« (EGH) der Berliner Polizei

Frankfurt: Dauerkampagne nach massenhaften Stadionverboten

weise, und zwischen Fans, WM-OK und DFB gab es deutliche Differenzen in der Frage, wo diese Stelle angesiedelt wird, wie sie arbeitet, wer sie finanziert und welche Kompetenzen bei ihr liegen.
Das Ergebnis: Ende November folgten weitere Protestaktionen. Mit Flugblättern und Stimmungsboykott machten die enttäuschten Fans ihrem Unmut Luft. Sie sind ihren Zielen im Jahr 2005 nicht entscheidend näher gekommen. Nach wie vor hängen Woche für Woche Transparente in den Stadien. Im Oktober demonstrierten rund 700 Anhänger des 1. FC Nürnberg gegen Kommerzialisierung und Repression. Zum Protest hatten 30 Fanclubs aufgerufen. Im Dezember erschien eine CD »Freiheit für die Kurve«. Von den Einnahmen sollen Prozesse gegen Stadionverbote finanziert werden.
Bei einer Stadionwelt-Umfrage im September 2005 (5.376 Teilnehmer) waren 84,3 Prozent der Befragten der Meinung, dass Stadionverbote oft willkürlich ausgesprochen werden. In diesem Zusammenhang fanden 73 Prozent der Befragten die Maßnahmen zur Bekämpfung von Fußballgewalt übertrieben. Das Verhältnis zwischen Fans und der Polizei wurde mit einem Notendurchschnitt von 4,69 äußerst schlecht bewertet, mehr als 60 Prozent antworteten mit »mangelhaft« oder »ungenügend«.
Auch im Jahr 2006 werden die Diskussionen und Proteste weitergehen. Auf viele Fragen gibt es bislang keine Antworten, auch auf die, unter welchem Namen die Fans künftig agieren. Die Frage ob als *Pro Fans* oder *Netzwerk für Fanrechte* ist sehr umstritten.
Derartige Nebenschauplätze lähmen bisweilen die Arbeit der Gruppen und sind auch für die Außendarstellung wenig förderlich.

»Ich erwarte eine sehr protestreiche Rückrunde«

Matthias Bettag (34) ist Fan von Werder Bremen und beim *Bündnis Aktiver Fußball-Fans* (BAFF) sowie bei *Pro Fans* aktiv.

Stadionwelt: Seit wann ist das Thema »Repression« akut?
Bettag: Seit mindestens zwei bis drei Jahren. Im Grunde hat es begonnen, nachdem feststand, dass die WM nach Deutschland kommt.
Stadionwelt: An welchen Symptomen ist diese »Repression« festzumachen?
Bettag: Polizeikontrollen und Überwachung hat es immer gegeben. Neu ist die Qualität. Es werden gezielt die Ultras, beziehungsweise solche Fans, die als »Kategorie B« eingestuft sind, kontrolliert und schikaniert.
Stadionwelt: Woran liegt das?
Bettag: Es geht einher mit dem Image, dass das WM-Logo ausdrückt. Ziel ist eine sterile, kommerziell verwertbare Ausrichtung. Mit der WM als Pilot gerät der Profifußball immer mehr vom Sport, der gesponsert wird, zur Plattform der Werbeindustrie.
Stadionwelt: Wo siehst du einen Zusammenhang zwischen Sponsoring und Repression?
Bettag: Die Industrie hat auch Einfluss darauf, wie der Fußball sich präsentiert. Der Sponsor hat das Bedürfnis nach Massenkompatibilität. Da gibt es keine Bereitschaft, sich mit Fanfragen oder der gesellschaftlichen Rolle des Fußballs auseinander zu setzen. Hinzu kommt eine in der Gesellschaft relativ anerkannte und von verschiedenen Stellen propagierte Notwendigkeit zur Verschärfung von Sicherheitsmaßnahmen. An Fußballfans kann gut geübt werden, was eher in den Bereich »Aufstandsbekämpfung« und öffentliche Kontrolle gehört. Stimmen, die übertriebene Sicherheitsmaßnahmen anprangern, sind selten geworden – und ihnen wird mit »worst-case«-Drohszenarien begegnet.
Stadionwelt: Normalerweise gilt bei fast allen Konflikten, dass immer zwei dazu gehören – provozieren Fans nicht auch repressive Maßnahmen?
Bettag: Es gibt durchaus Provokationen durch Idioten, die sich nicht disziplinieren können, die sich provoziert fühlen, wenn sie die Polizei nur sehen. Man könnte dem allerdings begegnen, wenn nicht eine »Kategorie B« oder ein ganzer Sonderzug pauschal behandelt würde – sondern, wenn man die eigentlichen »Zielgruppen« auch in die Verantwortung nehmen würde. In einem Dialog mit den Repräsentanten der Fangruppierungen könnte einiges bestimmt geklärt werden.
Stadionwelt: Die müssen dann aber auch wirklich in der Szene anerkannt sein und sich sehr verantwortungsbewusst verhalten...
Bettag: Wenn man Leute, die nun wirklich nicht an fragwürdigen Aktionen beteiligt sind, gezielt rauszieht und mit Stadionverboten belegt, sind sie irgendwann außen vor und verlieren auch die Lust zu diesem Dialog. Zudem entsteht der Eindruck von Willkür und Ohnmacht.
Stadionwelt: Merkt der »Normalo-Fan« oder Außenstehende etwas von dem, was da vorgeht?
Bettag: Der Durchschnitt bekommt die entsprechenden Szenen eher zufällig mit, nimmt wahrscheinlich aber die Diskussionen und Unterstellungen nicht wahr, die auf Geschehnisse folgen. Da gibt es auch einiges, was von den Vereinen kommuniziert wurde, wie z. B. bei uns in Bremen, dass in der Gruppe *Eastside* Neonazis aktiv seien. Da ist man dann stigmatisiert und hat kaum eine Möglichkeit, sich zu wehren.
Stadionwelt: Welche Haltung haben die Vereine in der Regel zum Geschehen? Sie sind ja maßgeblich bei der Thematik Stadionverbote eingebunden.
Bettag: Das ist sehr unterschiedlich. Viele Vereine halten sich strikt an den DFB-Maßnahmenkatalog, wobei die Auslegung aber sehr unterschiedlich ausfällt. Positiv ist es dort zu bewerten, wo der Fanbeauftragte oder das Fanprojekt die Frage des Stadionverbots an den Verein des Betroffenen zurückgeben. Manche Vereine wiederum nehmen das Anhörungsrecht nicht nur als Alibi wahr, sondern versuchen wirklich, die Strafe zu mildern, falls sich herausstellt, dass das Stadionverbot überzogen oder unberechtigt ist. Das ist natürlich schwierig, weil die DFB-Richtlinien eigentlich keine Ausnahmen erlauben.
Stadionwelt: Welche Möglichkeiten sehen die Fans, sich zu äußern? Die breite Öffentlichkeit nimmt in erster Linie Berichte über »Hooligans« wahr, die Aktionen seitens der Fans wie Demos dringen nur bedingt ins Bewusstsein der Öffentlichkeit vor.
Bettag: Das Bewusstsein hat sich wirklich nicht entscheidend verändert. Wer sich nicht aktiv solidarisiert, fällt aber auch nicht auf. Ein passives Verständnis ist durchaus vorhanden, wie ich meine. Es ist aber sehr themenabhängig. Es gibt viele Kleinigkeiten auf lokaler Ebene, wo die Fans dann mit Pressemitteilungen reagieren. Es kommt darauf an, wie welcher Redakteur damit umgeht. Im Stadion werden oftmals kritische Spruchbänder oder ähnliches verboten.
Stadionwelt: Könnte man das von Fanseite aus koordinierter, professioneller angehen?

Bettag: Das Grundproblem liegt darin, dass die Fans das alles ehrenamtlich machen und in diesem Sinne keine Profis sind. Wir haben keine Marketing- oder Presseabteilungen mit hauptberuflich Angestellten. Wir müssen es irgendwie neben unseren Jobs hinbekommen.

Stadionwelt: Und worin liegt das Grundproblem bei der oft tendenziösen oder falschen Berichterstattung in den Medien?

Bettag: Ich schätze, dass 80 Prozent dieser Informationen in der Presse nur aus Polizeiberichten stammen. Die Polizei muss natürlich ihre Einsätze rechtfertigen – und so sind selbstverständlich niemals irgendwo kritische Töne in einer Polizeimeldung vorgekommen.

Ein weiteres Problem liegt in der Begrifflichkeit: Wenn die Allgemeinheit meint, »Fan-Interessen« bezieht sich nur auf Dinge wie TV-Übertragungszeiten oder WM-Karten, das geht an dem vorbei, was die Leute beschäftigt, die ich meine, und für die vor allem der direkte Umgang mit Sicherheitskräften und den zugestandenen (Bürger-) Rechten eine Rolle spielt.

Stadionwelt: »Fan« ist nicht gleich »Fan« – und die Polizei kennt die Unterschiede eigentlich recht gut, wie einige Vereine auch…

Bettag: Die Vereine können durchaus Einfluss nehmen auf die Polizei; es findet aber kaum eine befriedigende Diskussion zwischen Fans und Vereinen statt. Es gibt natürlich lokale Unterschiede, generell aber fällt das »Kategorie B = Kategorie C«-Denken der Polizei auf. Es gibt kaum noch einen Unterschied zwischen der Behandlung von Ultras und Hooligans. Und so kann es einem schnell passieren, dass man bei der Polizei in eine falsche Schublade gerät.

Matthias Bettag als BAFF-Vertreter bei Innenminister Schily

Wer mal laut brüllt oder einfach nur mit in einem Sonderzug fährt, der kann diese Erfahrung ganz schnell machen. Dadurch staut sich Ärger an, und das führt zu Solidarisierungseffekten und Aggression.

Stadionwelt: Gehen die Fanforderungen an der Realität vorbei?

Bettag: Wenn man akzeptiert, dass der Profi-Fußball eine Projektion für die Werbeindustrie ist: Okay, dann sind die Forderungen unrealistisch. Aber wir aktiven Fans haben eine andere Priorität. Aus Marketingsicht sind die vielleicht 500 bis 2.000 Hartgesottenen in jeder Kurve eine absolute Randgruppe. Aber ich akzeptiere nicht, dass die Gewinnoptimierung Sinn und Zweck des Fußballs sein soll. Auch viele andere, weniger »auffällige« Fans sind genervt von der Kommerzialisierung.

Stadionwelt: Aber die Fans haben keine Lobby, es kommt nicht das in Bewegung, was man sich wünscht.

Bettag: Die optimale Organisationsform wäre eine bundesweite Supporters-Organisation, etwas wie lokal beim HSV, aber ligaweit und mit Kompetenzen. Diese traumhafte Form sehe ich aber nicht – und sie ist schließlich von der DFL auf keinen Fall gewollt. Die DFL hat sich ausgegliedert, um optimale Bedingungen für die Geldoptimierung zu schaffen. Warum sollte man dann Leuten Mitspracherecht geben, die dagegen sind und andere Interessen vertreten?

Stadionwelt: Wie sieht deine Prognose für die Rückrunde 2005/06 und die Zeit nach der WM aus?

Bettag: Ich erwarte in der Tat eine sehr protestreiche Rückrunde. Und nach der WM gehen die Probleme weiter, vielleicht verschärfen sie sich noch. Es rücken andere neue Stadien nach, immer mehr Vereine geben sich dieser Vermarktung preis. Und so lange die Verkaufszahlen steigen, wird man sich nicht um die Faninteressen kümmern. Man setzt sich erst wieder mit dem harten Kern der Fans auseinander, wenn der Trend abwärts zeigt. Ich sehe eine Tendenz in Richtung englischer Verhältnisse, einer virtuellen Liga über Decoder, wo der Stadionbesuch für Jugendliche unbezahlbar ist.

Stadionwelt: Gibt es keinen Ansatz für einen positiven Ausblick?

Bettag: Aus solchen Verhältnissen können schon neue Wurzeln sprießen – wie bei ManU oder in Salzburg, wo die Fans selbst neue Vereine gegründet haben. Vielleicht gibt es eine Vision einer Gegenentwicklung, wo Fans sich etwas Neues aufbauen. Das ist ein konsequenter Weg, aber ich sehe auch, dass es sehr spekulativ ist, darüber zu reden.

Polizeiempfang am Bahnhof: Ob Risikospiel oder nicht, die Polizei ist fester Bestandteil des Geschehens

Über das Ziel hinaus

Die Diskussionen um Fußballgewalt und Sicherheit sorgten 2005 für Schlagzeilen. Obwohl die Zahl der Gewalttaten beim Fußball nicht gestiegen ist, soll das Sicherheitsbedürfnis der WM Maßnahmen rechtfertigen, die am Rande der Rechtsstaatlichkeit einzuordnen sind.

Behauptete man, Deutschland freue sich nicht auf die Fußballweltmeisterschaft 2006 im eigenen Land, läge man gründlich daneben. Und mit der paradoxen Steigerung, Deutschlands Fußballfans freuten sich nicht auf die Fußball-WM, erst recht. Dennoch: Es ist etwas dran. Weil ausgerechnet jene, unter ihnen, die als »aktive Fans« vermeintlich mit dem größten Eifer bei der Sache sind, keine Gelegenheit auslassen, sich demonstrativ nicht auf die WM zu freuen. Sie tun ihre Meinung auf T-Shirts mit kund und auf Transparenten. »Eure WM zerstört unsere Fan-Kultur« ist dann unter anderem zu lesen.
Die WM ist für die meisten aktiven Fans zum Feindbild geworden. Der kleinste gemeinsame Nenner bei der Ablehnung lässt sich auf einen Begriff reduzieren: »Repression«. Denn seit Deutschland als WM-Gastgeber feststeht, wurden die polizeilichen Maßnahmen im Fußballumfeld drastisch verschärft. Im Visier befinden sich im weitesten Sinne die Ultras.
Das Unterfangen, eine hoch sichere Weltmeisterschaft zu gewährleisten, hat stets von höchster Stelle der Bundesminister des Innern, Otto Schily, vorangetrieben. Am Rednerpult dem Hooliganismus den Kampf anzusagen und im Stadion solche zu finden sind indes Aufgaben unterschiedlichsten Schwierigkeitsgrades. Und wenn oben der Kopf den Mund auftut und »Sicherheit« herauskommt, geht der Befehl nach unten zum Arm, der gar nicht anders kann, als zum Schlag auszuholen.
Der Clou: die Anzahl von Gewalttaten im Fußballumfeld war zwar nicht auf Null, aber im Vergleich zu den 80er und 90er Jahren auf ein Minimum zurückgegangen, lange bevor Deutschland den WM-Auftrag erhielt. Das »Nationale Konzept Sport und Sicherheit«, Anfang der 90er Jahre verabschiedet, bot die Handhabe. So konnte der DFB-Sicherheitsbeauftragte, Dr. h.c. Alfred Sengle, 2005 im Stadionwelt-Interview feststellen: »Insgesamt hat sich die Situation in den Stadien deutlich gebessert, die Maßnahmen haben Wirkung gezeigt.« Den Worten der Politik im Jahr vor der WM mussten dennoch Taten folgen. Mangels echter Hooligans drängten sich als zentrale Randgruppe die Ultras geradezu als Zielobjekt auf. Wilde Gebärden,

martialische Banner, Pyro und viel Gebrüll – jeder Bürger würde Maßnahmen gegen diese vermeintlichen Krawallbrüder begrüßen. Mit der Folge, dass für anreisende Fangruppen der Polizeikessel zum Alltag gehört, dass ganze Sonderzüge in Sippenhaft genommen werden und die »Datei Gewalttäter Sport« anschwillt. Es hagelt Stadionverbote, und mit ein bisschen Pech werden auch Frauen und Kinder zum Opfer polizeilicher Übergriffe.

Dass eine gewisse Affinität von Ultragruppen zur Hooliganszene und zu gewissen Teilen auch Überschneidungen bestehen, ist ebenso wenig zu leugnen wie die Tatsache, dass in einer Parallelwelt zu der im Stadion Scharmützel geradezu als sportliches Hobby »auf der grünen Wiese« verabredet werden. Die Anzahl der hieran Beteiligten jedoch erreicht bei weitem nicht die Ausmaße, die ein Blick auf die Statistik der Stadionverbote vermuten ließe. Und auch Alfred Sengle weiß, dass »die Großzahl der Fans« nicht an Ausschreitungen beteiligt ist, aber dass »die Gefahr der Solidarisierung mit der gewaltbereiten Seite besteht«. Eine verstärkte Polizeipräsenz auf dem Weg zum Stadion schürt in diesem Sinne Aggression und birgt die Gefahr der Eskalation, selbst wenn sie demonstrativ passiv nur als (in heiklen Situationen durchaus willkommene) Eskorte im Einsatz ist. Ein bewaffneter Polizist im Kampfanzug muss einem freien Staatsbürger nicht sympathisch sein – ebenso wenig allerdings dem Polizisten ein pöbelnder Staatsbürger.

Durchsuchung: Schikane oder Verbrechensprävention?

Stuttgart: Galgenhumor bei den Ultras

Was Otto Schily und dem Normalbürger nicht bekannt ist, wissen andere. So ist es ein Ergebnis Jahre währender Zusammenarbeit der Koordinierungsstelle Fanprojekte mit den »szenekundigen Beamten« der beim Fußball eingesetzten Polizeieinheiten und den Fanbeauftragten, dass die Einsatzleiter in den meisten Fällen sehr wohl wissen, in welchem Bus »Normalos« und in welchem die Kategorie B oder C zum Spiel kommt. Verwechslungen sind möglich, aber unwahrscheinlich. Vor diesem Hintergrund erscheinen gelegentliche Exzesse, zu deren Leidtragenden völlig Unbeteiligte gehören, als Folge des politischen Drucks auf die Polizei.

Die Rechtfertigung für repressive Maßnahmen aller Art lieferte allerdings das Fanal des Jahres 2005 im April. Ausschreitungen einiger Deutscher beim Länderspiel in Slowenien gingen live über den Sender in deutsche Wohnzimmer. Wenngleich deutlich überbewertet, lösten die Vorfälle eine Lawine medialer Empörung und damit auch die Ankündigung der Durchsetzung des staatlichen Gewaltmonopols aus. Kaum ein Redakteur jedoch verfüg-

KSC – Cottbus: Der Polizeieinsatz verhindert Schlimmeres

Hannover: »Hooltras« machten Schlagzeilen

te über die erforderlichen Fakten zum Thema, mit schlampiger Recherche und gefährlichem Halbwissen sowie unter Verwendung missverständlicher Aussagen wenig medienscheuer Fanforscher zusammengestrickte Beiträge verzerrten das Bild von Fans in der Öffentlichkeit. Der Bürger sah eine Welle der Gewalt über WM-Deutschland hereinbrechen.
In der Tat kann die Motivation für die Vorfälle in Slowenien in der Ventilfunktion gesehen werden. Wer zu Hause unter der Knute steht, lässt halt woanders die Sau raus. Eine Hooliganheimsuchung im großen Stil sieht aber anders aus. Die hatte zum Beispiel im Dezember zuvor Basel erlebt, als der extrem gewalttätige Rotterdamer Mob die Innenstadt zerlegte. Zum Spiel des FCB gegen Feyenoord, in das Stadion an sich hingegen, drangen keine Ausschreitungen vor. In einem deutschen WM-Stadion wären ausufernde Gewaltszenen erst recht kaum denkbar. Schon die Zugangswege stehen unter der Beobachtung von Überwachungskameras, auch können die Sicherheitskräfte jeden Platz auf den Tribünen und den Umgängen beobachten.
Dass die – von Terroranschlägen abgesehen – eigentlich bedrohlichen Szenarien die Städte und nicht die »Hochsicherheitstrakte« der Stadien betreffen, gibt den Verantwortlichen Anlass zur Sorge. Nur ist die deutsche Polizei in dieser Hinsicht auf einem anderen Niveau vorbereitet als die Kollegen in der Schweiz und Slowenien. Und dies nicht allein, weil man auf die Erfahrung aus etlichen »Großkampftagen« der Hooliganära blicken kann, sondern auch, weil man das Vorgehen gegen Störer und Randalierer in Großübungen gezielt probt. So geschehen unter anderem bei einer gemeinsamen Übung mit der niederländischen Polizei auf einem stillgelegten britischen Luftwaffenstandort am Niederrhein im September 2005. Vor den Kameras der Medien demonstrierte die Polizei, mit welchen Mitteln sie Horden von hunderten außer Rand und Band geratener Aggressoren beizukommen gedenkt.
Ob es während der WM in den deutschen Innenstädten zu Krawallen kommt, weiß freilich niemand vorauszusagen. Während des Confed Cups waren vereinzelte Vorfälle in den für das »Public Viewing« abgesteckten Zonen zu verzeichnen. In Köln etwa randalierten Betrunkene, die jedoch in keinem Bezug zur Fußballszene standen. Um Szenarien in den Städten zu projizieren liegt ohnehin das geläufige Beispiel Oktoberfest näher, das wohl innerhalb weniger Tage mehr reale Gewalt produziert als eine ganze Fußballsaison. Echte »Gewalttäter Sport« und potenzielle Störenfriede sind bei den Behörden registriert und katalogisiert. So erhalten aktenkundige Hooligans im Vorfeld Besuch oder Post von der Polizei mit Platzverboten für sensible Bereiche der Innenstädte oder Ausreiseverbot.
Dass es hierbei zu Irrtümern und Datenmissbrauch kommt, ist keine Seltenheit. Es stellte sich unter anderem heraus, dass Fluggesellschaften über Listen von Stadionverboten Betroffener vorliegen, um diesen den Check-In zu Flügen in Länderspielorte zu verwehren. Dergleichen gilt heute nicht mehr als Skandal. Dass jeder einzelne während der WM in einem Stadion Tätige sich damit einverstanden erklären muss, durch den Verfassungsschutz überprüft zu werden, quittiert man mit einem Achselzucken. Der gläserne Bürger ist längst keine Sci-Fi-Vision mehr, sondern Realität. Der Rechtsanwalt und Pu-

blizist Dr. Rolf Gössner, Präsident der Internationalen Liga für Menschenrechte meldete im Stadionwelt-Interview im Juni 2005 ernsthafte Bedenken an: »[…] Allerdings werden etwa im Zusammenhang mit Fußballspielen und Fußballfans – massenmedial und auf parteipolitischer Ebene – oft Gefahrenszenarien gezeichnet, die mit der Realität noch wenig zu tun haben. Mit der fatalen Folge, dass dann mit schöner Regelmäßigkeit überzogene Polizeivorkehrungen, Gesetzesverschärfungen und extensive staatliche und auch private Kontroll- und Überwachungsmechanismen legitimiert werden. In diesem Zusammenhang spielen etwa die Datei ›Gewalttäter Sport‹ oder die RIFD-Chips auf den Eintrittskarten, die der Überwachung dienen können, eine besondere Rolle, die unter datenschutzrechtlichen Aspekten höchst problematisch ist. Vor allem spüren die Betroffenen diese Maßnahmen nicht, die aber weitreichende Auswirkungen auf ihr Dasein haben können.«

Fußballfans haben der Mehrheit der Gesellschaft eines voraus: Sie spüren schon jetzt, welche Weichen die Politik gestellt hat.

Ob es bei der WM Ausschreitungen geben wird? Unwahrscheinlich, aber wer weiß das schon… Möglicherweise sogar hätte man die Hooligans insgeheim doch lieber wieder im Stadion. Dort, wo sie gar nicht anders können, als brav in die Überwachungskamera zu lächeln.

Großübung: Die Polizei übt das Einkesseln und Festnehmen von Störern mit Statisten

Neue Stadien, neues Publikum: Der Fußball ist familientauglich geworden und mobilisiert, wie hier in Dortmund, die Massen

Die Bundesliga auf der Überholspur

Mehr Zuschauer denn je sehen Fußballspiele im Stadion – jedenfalls in Deutschland, denn der Bauboom bei den Stadien schuf die Grundlage für einen anhaltenden Zuschauerboom.

Während der WM 1974 war das Hamburger Volksparkstadion, wo sich niedrige Zuschauerzahlen ohnehin wie ein roter Faden durch die Jahrzehnte zogen, beim Gruppenspiel Deutschland–Australien kaum mehr als halb gefüllt. Auch in der Saison 1996/97, als Nr. 1 der größten Bundesliga-Stadt, als Hausherr im drittgrößten Stadion der Liga, lag der HSV unter dem Zuschauerschnitt der 18 Bundesligisten. Und in der darauf folgenden Saison blieben beim Gastspiel des amtierenden Meisters FC Bayern, mitten im Hochsommer, 10.000 Plätze leer. Das wäre heute unvorstellbar.
In den beiden Spielzeiten zwischen 2003 und 2005, in denen die Bundesliga den sportlichen Anschluss an die europäische Elite verlor, setzte sie sich allerdings souverän an die Spitze der Zuschauertabellen. Während 2004/05 (nach Einschätzung des *kicker*) so wenige Weltklassespieler wie nie (nämlich kein einziger) in der Bundesliga aktiv waren, kamen so viele Zuschauer wie nie zuvor in die Stadien. 37.771 besuchten durchschnittlich ein Bundesligaspiel. Deutlich wie lange nicht mehr lag die englische Premier League (Platz 2 mit 33.890 Zuschauern im Schnitt) zurück. Dabei war die abgelaufene Spielzeit das dritte Bundesliga-Rekordjahr in Folge. Und vieles deutet darauf hin, dass dieser Rekord in der Saison 2005/06 mit über 40.000 Besuchern pro Spiel noch einmal überboten werden könnte.
Es kann nicht die Vorfreude auf die WM alleine sein, die die Zuschauerzahlen in die Höhe treibt. Viele – insbesondere regelmäßige Stadiongänger und aktive Fans – sehen die WM 2006 in Deutschland ohnehin skeptisch. Kaum eine aktive Fanszene, die nicht mit Problemen wie der Sicherheitshysterie und den immer geringer werdenden Freiräumen in den fast lückenlos vermarkteten Stadien konfrontiert wird.
Doch das Event Fußball und die Neugierde auf die neuen Fußballtempel lockt auch immer mehr Zuschauer mit weniger ausgeprägter Fußballbegeisterung in die Stadien. Viele von ihnen kommen wieder, manche gar als Fan. Der Komfort der Neubauten spielt hierbei ebenso eine Rolle wie die dichte Atmosphäre und das Ambiente der meist gut gefüllten Sportstätten.
So setzt ein Multiplikatoreffekt ein, der die Zuschauerzahl stetig wie auf dem Jahrmarkt nach oben schraubt: Schaulustige unterstützen den Eventcharakter und lo-

cken weitere Neugierige an. Auch die Verknappung des Angebots durch steigende Nachfrage hat wiederum positive Auswirkungen auf die Verkaufszahlen. Die Aussicht, bei den wichtigen Spielen möglicherweise keine Karte mehr zu erhalten, veranlasst immer mehr Interessierte, sich sicherheitshalber gleich eine Dauerkarte zuzulegen. Schon vor Saisonbeginn setzte jeder Bundesligist durchschnittlich 20.700 Saisontickets ab. Damit sind erstmals ligaweit über die Hälfte der Zuschauer Dauerkarteninhaber.

Mehr Komfort, mehr Zuschauer

Die niedrigeren Zuschauerzahlen der Vergangenheit lassen sich nur in wenigen Fällen mit der Kapazität der Bundesligastadien begründen. 1990/91, in der Saison nach dem WM-Triumph von Rom, kamen durchschnittlich 21.700 Zuschauer zu den Spielen, obwohl die Stadien Platz für 45.600 Fans pro Spiel geboten hätten.

Wie sehr die Zuschauerzahl im Fall Mönchengladbach durch den Neubau des Borussia-Parks in die Höhe schnellte, dürfte viele überrascht haben, die allein auf der Grundlage älterer Zahlen kalkulierten. Denn abgesehen von Topspielen kamen jahrelang nur gut 25.000 Zuschauer zu Heimspielen der Borussia auf den Bökelberg. Seit dem Umzug in den Neubau am Stadtrand strömten selten weniger als 40.000 Fans durch die Stadiontore, die durchschnittliche Auslastung des Stadions erreichte auf Anhieb 92 Prozent.

Hier zeigt sich der Hauptgrund des Zuschauerbooms: der gestiegene Komfort, insbesondere durch die Überdachung und bessere Sitzplätze. Ein Trend, den auch eine

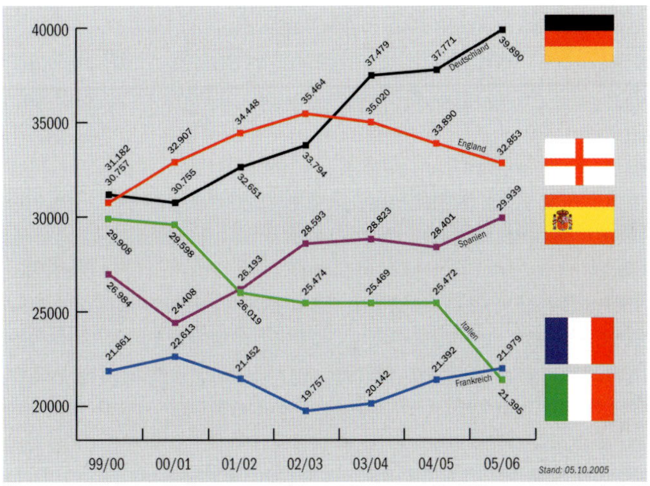

Zuschauerzahlen aus fünf ersten Ligen seit 2000

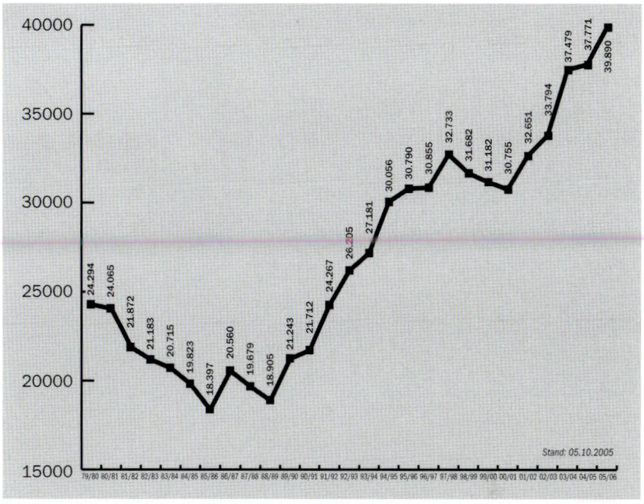

Zuschauerschnitt pro Spiel der 1. Fußball-Bundesliga seit 1980

Fanbefragung des TSV München 1860 bestätigt: Seit dem Umzug in die Allianz Arena sind über 20 Prozent der Fans weiblich, 63 Prozent jünger als 40 Jahre. Die Steigerung des Komforts hat mit Frauen, Kindern, Familien völlig neue Zielgruppen erschlossen.

Deutschland bleibt Spitze

Die Bundesliga wird ihre weltweite Spitzenposition behaupten, voraussichtlich sogar den Rekord der italienischen Serie A von 1984/85 (38.800) überbieten. Es wäre der letzte noch fehlende Weltrekord, nachdem die Liga am 30. Spieltag 2004/05 mit 46.303 Besuchern pro Spiel auch ihren eigenen Spieltagsweltrekord überboten und der BVB in der Saison 2003/04 mit 79.647 Zuschauern pro Spiel den AC Mailand (1991/92: 77.868) von der Spitzenposition verdrängt hatte.

Sicher wurde die jüngste Steigerung hierzulande auch durch den Aufstieg der Zuschauermagneten Köln und Frankfurt bei gleichzeitigem Abstieg von Freiburg, Rostock und Bochum begünstigt. Sicher trägt auch das insgesamt niedrige Preisniveau der deutschen Eintrittskarten zur weltweiten Vormachtstellung bei. Zwar sind die durchschnittlichen Ticketpreise in den letzten zehn Jahren um knapp 50 Prozent gestiegen, aber sie liegen mit knapp 17 Euro noch immer deutlich unter den Preisen anderer großer Ligen. Ferner trägt die Tatsache, dass Deutschland die letzte große europäische Liga mit großem Stehplatzangebot ist, zu den hohen Zuschauerzahlen bei.

Dennoch: Der Hauptgrund für die Zuschauerentwicklung ist ohne Frage die Qualität der Stadien.

Der moderne Fußball besteht zu 100 Prozent aus Kunststoff

Kampf gegen die Windmühlen

»Gegen den modernen Fußball« ist in den Fankurven einer der am meisten verwendeten Slogans. Was aber ist modern am Fußball, und was haben die Fans dagegen?

Wenn, wie im zurückliegenden Jahr, die Fußballfans in den Stadien nicht müde werden »gegen den modernen Fußball« zu protestieren, mag sich manch ein unbedarfter Zuschauer wundern, was denn falsch sein soll am Spielgerät. Es wurde und wird gelegentlich über dessen bisweilen irritierendes Design oder unberechenbare Flugeigenschaften diskutiert. Aber sollen die hoch bezahlten Profis etwa eine ausgebeulte Lederkugel treten wie anno dazumal Sepp Herbergers Helden von Bern?

Nein – und das wird wohl jedem Beobachter schnell bewusst –, es geht nicht um den Ball, sondern um den professionellen Fußballsport generell mit all seinen Begleiterscheinungen.

Mit »moderner Fußball« ist im Großen und Ganzen die Kommerzialisierung – mit ihren vielfältigen Auswirkungen auf die Fankultur – gemeint. Diese prägte früher neben dem Spiel das Fußballerlebnis; heute hingegen räumt man ihr allenfalls eine Nebenrolle im Regieplan des Stadion-TV ein. Dennoch: Das bunte Treiben in den neuen Fußballarenen finden mindesten 90 Prozent der Stadionbesucher prima. Wie sonst kämen immer neue Zuschauerrekorde zustande? Andererseits ist festzustellen, dass ohne die Schar unentwegter »aktiver Fans«, die jeder halbwegs namhafte Verein aufbieten kann, in deutschen Stadien des 21. Jahrhunderts auf den Tribünen allmählich gar nicht mehr gesungen würde.

Doch der Ball scheint nicht mehr wegen des Fußballspiels an sich zu rollen. Vielmehr ist er jetzt ein Bestandteil der Geldmaschine Profi-Fußball. Einst ein Volkssport, ist er nun ein Spielball von Wirtschaftskapitänen. Kommerz total also, und die FIFA macht vor, wie das funktioniert. Der von den Fans viel gescholtene DFB mochte sich von Beginn an nicht recht mit dem Profifußball anfreunden. Erst mit Abspaltung der DFL konnten die Clubs die Vermarktung der Profi-Ligen insbesondere im Bereich der Übertragungsrechte konsequent vorantreiben.

Ganz weit oben in der Liste von Anlässen für Fanproteste steht die Vermarktung der Stadionnamensrechte. Als in Leverkusen der gute alte Ulrich Haberland auf den Nebenplatz abgedrängt wurde zu Gunsten der BayArena, hat man sich beim »Traditions-Werkverein« nicht wirklich aufgeregt. Schließlich ist diese Namensgebung eine der unauffällig-kommerziellsten in Deutschland. Das sah in Hamburg schon anders aus, als ein US-Internetprovider die lange Volkspark-Ära beendete. Aber im Zuge der Neubauwelle wurde die Vermarktung von Namensrechten nach und nach zum Tagesgeschäft. Dass in Gelsenkirchen aus der Arena AufSchalke jüngst die Veltins-Arena wurde, erregte dort, wo von Beginn an jede Tribüne einen Sponsornamen getragen und die Pilsmarke ohnehin in Schalke höchste Präsenz hatte, kein Aufsehen.

Als hingegen im Sommer 2005 die Commerzbank als Namensgeber des Neuen Waldstadions in Frankfurt bekannt gegeben wurde, war dies geradezu ein Schlag ins Gesicht einer der traditionsbewusstesten wie auch selbstbewusstesten Fanszenen Deutschlands. Und in der Tat kann, wer will, einen gewissen Zynismus in diesem Vorgang sehen. Letztlich ist er aber in der Finanzmetropole »Bankfurt« zeitgemäß und konsequent.

Das Beharren auf Traditionen scheint in vielen Fällen zum Prinzip geworden zu sein. Dahinter steht die Angst vor dem Ausverkauf, vor der totalen Kommerzialisierung. Die Clubs sind keine eingetragenen Vereine mit gemeinnützigem Auftrag mehr, sondern Kapitalgesellschaften, die nach den Gesetzen des Marktes agieren müssen. Hierbei indes kommt es auch zu Auswüchsen. Manchester United und Austria Salzburg gehören wohl zu den krassesten Beispielen.

Fast hätte es auch Borussia Dortmund getroffen. Die wirtschaftlichen Folgen des ohne Netz und doppelten Boden waghalsig vorangetriebenen Stadionausbaus drohten dem BVB das Genick zu brechen; somit mussten die Fans spätestens in der folgenden Konsolidierungsphase mit einer Namensänderung rechnen. Dortmund wandelt mit dem Stadionnamen Signal-Iduna-Sportpark, der zwar Geld in den Kassen klingeln lässt, aber nicht erwarten kann, ernst genommen zu werden, auf einem schmalen Grat.

In Nürnberg gab es eine über das Internet organisierte Abstimmung gegen eine Umbenennung des Franken-Stadions, 3.000 Meinungsäußerungen legten die Fans der

Hannover: in die Ecke gedrängt durch den Sponsor

Bremen: keine Akzeptanz für die Zusatzfarbe Orange

Nürnberg: »Gegen den modernen Fußball« in den traditionsreichen Vereinsfarben

Stadt vor. Aber Julius Neumann von den Ultras Nürnberg betont, dass im Themenkomplex »moderner Fußball« viele Aspekte mit hineinspielen: »Für uns ist die Sache mit den Stadien keine Sache, die man von der Repression trennen kann. Es geht letztendlich darum, zum Beispiel durch Stadionverbote die aktive Szene tot zu machen, damit man Sachen wie die in Salzburg durchboxen kann.«

Eine paradoxe wechselseitige Hassliebe besteht so gut wie überall zwischen dem harten Kern der Fans und dem Verein – oder präziser: der vom e.V. abgetrennten Kapitalgesellschaft für den Betrieb und die Vermarktung des Profi-Fußballs.

Ein sportlich besonders erfolgreiche GmbH & Co KG aA ist Werder Bremen. Da läuft, wie man meinen sollte, alles rund. Auch mit den Fans, denn viel mehr als Meister, Pokalsieger und offizieller Bayernjäger zu werden, kann man denen ja wohl nicht bieten. Aber nein. Dort, wo alles so nett sein könnte, machen sich wieder jene wichtig, denen Fußball ohne Proteste scheinbar keinen Spaß macht. Dies oder Ähnliches mögen wohl die übrigen Zuschauer im Stadion denken, die Spiel für Spiel Banner vorgehalten bekommen. »no!range – Bremen ist grün-weiß« lautet das Motto, und die Aktivisten stellten die Seite www.norange2005.de ins Netz. Dort findet man klare Worte zum neuen »Papageien-Look«: »Wie lange noch werden wir im ›Weserstadion‹ spielen, wenn sich die Vereinsoberen schon jetzt selbstgefällig über alles hinwegsetzen? In der Satzung ist Grün-Weiß fest verankert. Offenbar finden manche Marketingexperten diese Farben nicht mehr zeitgemäß. Weg damit, auf in eine noch kommerziellere Ära! Hin zu einem karnevalistisch gekleideten und jeden Mode-Mist anbetenden Publikum. Hin zu Laolawellen produzierenden Melkkühen, die glücklich sind, wenn sie von der Last dicker Geldbündel befreit werden. Ist das die Zukunft bei Werder? Nicht mit uns!«

Es ließe sich trefflich darüber streiten, ob es in den Möglichkeiten einer Farbe liegt, kommerziell zu sein. Dass die Kombination Grün-Orange im Bemühen Modernität auszustrahlen ein wenig übermotiviert daherkommt, ist hingegen klar ersichtlich. Hätte allerdings der SV Werder irgendwann 1960 die Zusatzfarbe angenommen, wäre sie heute Tradition …

Heutzutage sind Modifikationen am Erscheinungsbild für die überaus kritischen Fans eine Todsünde und kön-

Stuttgart: Querverweis auf englische Verhältnisse

Demo in Frankfurt: Auch die WM verkörpert den modernen Fußball

Frankfurt: klares Statement gegen die Umbenennung

Dortmund: Solidarität mit Salzburg

nen partout nicht akzeptiert werden. Dass eine farbliche Auffrischung oder die Verjüngung des Signets durchaus berechtigt sein kann, beweisen viele Gruppen mit ihrem eigenen Style: Die dritte Farbe, die für die Identität der Gruppe im Zusammenspiel mit den Farben des Vereins steht sowie die ausgefeilte Grafik sind auch aus den Szenen nicht mehr wegzudenken.
Der Bremer Protest findet breite Unterstützung in anderen Fanszenen, so wie es auch bei anderen Themen Wellen der Solidarität gibt. Ende 2005 ist indes nach wie vor festzustellen, dass eine – wenngleich kreative und auffällige – Minderheit in den Fankurven ihre Botschaft nicht an die Masse der Zuschauer bringen kann. Diese weiß schlicht und einfach nicht, warum es um alles in der fantastischen Fußballwelt Probleme geben sollte, die tiefer gehen als Abstiege, Lizenzprobleme und Trainerwechsel.
Zumal der Fußball schon vor Generationen seine Unschuld verloren hat. War er nicht schon modern, als Eintracht Braunschweig am 24. März 1973 als erster Verein überhaupt mit Trikot-Werbung auflief (die Jägermeister-Jerseys sind heute Kult) und sich damit aus der Krise retten konnte – oder als 1986 erstmals nicht mehr »das runde Leder« getreten wurde, sondern der Schaumstoff-WM-Ball?
All dies waren über die Jahre eher punktuelle Erscheinungsformen. Jetzt aber, mit der neuen Stadionlandschaft, kommen sie geballt, jetzt erst kann sich die Kommerzialisierung so richtig ausbreiten mit Videowalls, VIP-Logen und Dauerbeschallung selbst auf den Toiletten.
Die Stadien sind besser als jemals zuvor, das kann im Ernst niemand bestreiten. Dass erst jetzt vielerorts die Versammlungsstättenverordnung greift und jedem Fan ein Ordner und ein Trennzaun an die Seite gestellt werden, hat allerdings nichts mit Kommerzialisierung zu tun. Die Patina, die die Kurve erst richtig gemütlich macht, setzt der Beton aber schnell an – und in 20 Jahren werden die Commerzbank-Arenen unserer Tage schon Nostalgiker rühren.
Der Begriff »moderner Fußball« mag heute zwar sehr undifferenziert verwendet werden – so wie auch »Kommerz« schon zur Bezeichnung für alles geworden ist, was nicht schimmelt – aber die Fans, denen etwas an der ursprünglichen Bedeutung und damit den Werten und Verdiensten des Fußballs liegt, werden geradezu in die Anti-Haltung getrieben. Schließlich ist der Sport an sich gar nicht einmal so interessant. Spieler sind größtenteils austauschbar, Funktionäre auch. Was bleibt, ist die Leidenschaft für den Verein, die Pflege seiner Tradition und oft genug eine sentimentale Glorifizierung der Historie.
Für einen Wirtschaftskonzern hingegen wird niemand echte Leidenschaft entwickeln – und folglich auch kein Mitleid in der Krise zeigen. Das wird man in Salzburg und anderswo vielleicht noch bedauern.

Mainz: Auch der 1. FSV Mainz 05 erschließt die Geldquellen der Stadionvermarktung

Bannermarsch: 1.500 BVB-Fans, das Westfalenstadion im Blick, Manchester United in Gedanken, nahmen teil

»Not for sale!«? – Not yet!

In der Finanznot hat Borussia Dortmund die Namensrechte verpfändet. Dass diese heilige Kuh geschlachtet werden sollte, brachte die Fans auf die Straße.

Der Dortmunder Friedensplatz hat große schwarz-gelbe Feste erlebt. Hier feierte der BVB seine Triumphe. Am Samstagmorgen des 12. Februar 2005 aber ist das Wetter so mies wie die Stimmung der rund 1.500 Fans, die sich hier versammelt haben. An großen Fußball verschwenden sie jetzt keinen Gedanken.

Borussia Dortmund ist pleite. Die meisten hatten erstmals Ende 2003 durch die Presse davon erfahren. Später hörten sie dann, dass der BVB ein Jahresminus von 67,7 Mio. eingefahren hatte. Wie das bei dem höchsten Zuschauerschnitt Europas, besten Vermarktungsaussichten und Börsengang-Geldschwemme überhaupt möglich war, darauf haben sie bis heute keine Antwort. Nur bei einem sind sie sicher: Die letzte Horrormeldung war diejenige, die das Fass zu überlaufen brachte. Die Namensrechte gehören nicht mehr dem Club, eine Umbenennung ist nicht auszuschließen. Das war zu viel!

Auswärts in Hannover: Auch hier Protest

So lautete das Schlagwort der Wintermonate »Not for sale!«. Auf den Rängen bot sich das passende Schauspiel, tausende Kehlen schmetterten dem drohenden Untergang das Vereinslied »Wir halten fest und treu zusammen« entgegen. Aber was konnten die Fans wirklich tun? Demonstrationen beeindrucken nüchtern rechnende Investoren oder Insolvenzverwalter wenig.

Für den Profi-Fußball zu spenden, können sich auch viele der leidenschaftlichsten Fans nicht vorstellen, wohl wissend, dass jeder überflüssige Euro ohnehin in die Lizenzkader investiert wird. Und wie lange steht man sich eigentlich mit der Spendendose die Beine in den Bauch, um 1.000 Euro zu sammeln? Was wäre der Nutzen? Im Falle der Insolvenz flösse alles ohnehin nur in die Kassen der Gläubiger. Also muss das Großkapital herhalten, doch wird dieses seine Rechte einfordern – der Verkauf des Clubnamens darf es aber nicht sein. Gedankenspiele, die sich im Kreise drehen. Immerhin: Die in dieser Zeit etablierte Fanabteilung erhielt zusätzlichen Aufwind, ist heute eine starke Kraft innerhalb des BVB.

Für die Rettung – oder zumindest für eine Verzögerung des Niedergangs sorgten die Investoren einer Fondsgesellschaft. Sie stimmten dem Rückkauf des Westfalenstadions durch den Club zu, dieser spart enorme Pachtsummen ein. Nun wird der Stadionname vermarktet. Das hätten die Fans bei anderer Vorgeschichte wohl nicht ohne Protestwelle und Boykotte in Kauf genommen.

Anpfiff für »Unsere Kurve«

Nach einem halben Jahr der Debatten und Diskussionen gründeten Vertreter der größten Fanabteilungen, Fanprojekte und Supporters Clubs einen neuen Dachverband.

Es gibt in Deutschland mittlerweile viele Beispiele, wie erfolgreiche Fanarbeit aussehen kann. »Kräfte bündeln« heißt dabei die vielfach ausgesprochene Zauberformel als Grundvoraussetzung für die Arbeit. Die Organisationsformen variieren auf lokaler Ebene, doch egal ob Dachverband, Fanprojekt, Supporters Club oder Fanabteilung – in allen Fällen geht es darum, Faninteressen möglichst wirksam zu vertreten und Einfluss auf die Entwicklung des Vereins und dessen Handlungen zu nehmen. In den letzten Jahren geschah dies verstärkt in der Form, dass Fans in den Verein eintraten und sich als kritische Mitglieder organisierten.

Der Wille, sich zusammenzuschließen, war auch im Jahr 2005 wieder die Keimzelle für Neugründungen unterschiedlichster Couleur. Einigen kommt es dabei eher auf eine lose Vereinigung aktiver Fans mit dem Ziel der Supportverbesserung an (Saarbrücken), andere klassifizieren sich als »Initiative« (Kaiserslautern), wieder andere verfolgen umfassendere fanpolitische Ziele (Mainz) und agieren deshalb weitaus formaler, verteilen Ämter und führen ein Mitgliedersystem ein. In Hannover und Dortmund befinden sich die *Rote Kurve* und die *BVB-Fanabteilung* nach erfolgreicher Gründung in ihrem zweiten Jahr und sind auf einem guten Weg.

Agieren aus den Vereinen heraus

Was bisher fehlte war der Versuch, die Kraft der lokalen Organisationen auch effektiv für bundesweite Fanpolitik einzusetzen. Mit dem nun gestarteten Projekt *Unsere Kurve* wird ein Versuch unternommen, Anhängervertretungen zu vernetzen, um auf überregionaler Basis zusammenzuarbeiten. Vorbild ist das englische *Supporters Direct*.

Die Tatsache, dass allein die Gründungsorganisationen aus Hamburg, Bielefeld, Dortmund, Frankfurt, Mönchengladbach, Leverkusen und Köln zusammen rund 50.000 Mitglieder vertreten, verdeutlicht, welches Gewicht der neue Verband haben kann, sofern die Arbeit funktioniert. *Unsere Kurve* sieht sich selbst als Interessenvertretung der Fans und tritt ein für den Erhalt der Fankultur und deren Freiräume. Fans sollen als aktiver Bestandteil

Gründungsveranstaltung des neuen Fanverbands

des Fußballs gefördert und »humaner« behandelt werden. Zudem fordert *Unsere Kurve* einen Ausgleich von Faninteressen und Kommerzialisierung und möchte die Entwicklung des Fußballs in Deutschland konstruktiv begleiten.

Aber sind neben *BAFF*, *Pro Fans* und dem ebenfalls 2005 ins Leben gerufenen *Netzwerk für Fanrechte* weitere vereinsübergreifende Bündnisse sinnvoll? Mathias Scheurer von der Fan- und Förderabteilung Eintracht Frankfurt sieht den Verband nicht als Gegenbewegung: »Wir werden sicher Gespräche mit den anderen führen. Da soll keine Konkurrenzsituation geschaffen werden. Unser Ansatz ist ein ganz anderer: Wir werden aus den Vereinen heraus agieren.«

Aus diesem Grund ist eine Mitgliedschaft von Einzelpersonen nicht vorgesehen. Vielmehr »sollen es die Organisationen sein, die ein Standing, eine Lobby in ihrem Verein haben, im Idealfall in den Gremien sitzen und Entscheidungsprozesse beeinflussen«, erklärt Scheurer. Solch eine formale Interessenvertretung gibt es längst nicht bei jedem Verein, bei manchen fehlt ein Dachverband vollends. »Aber da vermitteln wir aus unserer Erfahrung gerne das notwendige Handwerkszeug«, bietet Scheurer jungen Organisationen Hilfe beim Aufbau der Strukturen vor Ort an.

Neue Stadien, neue Möglichkeiten?

Fans beteiligen sich aktiv an der Planung.

Ob ein neues Stadion in der Fanszene auf Zustimmung stößt, hängt unter anderem davon ab, ob neben VIPs und Sponsoren auch die Interessen der Anhänger berücksichtigt wurden. Das ist beispielsweise in Mönchengladbach der Fall, wo die Fans voll und ganz hinter dem neuen Stadion stehen. Der mit Stehplätzen ausgestatte Fanblock ist nach ihren Wünschen gestaltet und eigene Räumlichkeiten sind vorhanden. Das ist das Ergebnis einer konstruktiven Zusammenarbeit zwischen dem Verein und Fanvertretern, die bereits in der Planungsphase begonnen hatte. Anders sieht es im nahe gelegenen Düsseldorf aus. Beim Bau der neuen Multifunktionsarena gab es keinen Dialog mit den Fans, da die Fortuna aufgrund der sportlichen Misere zumindest offiziell nicht als Hauptnutzer vorgesehen war. Heute spielt der Club fast jedes seiner Regionalligaspiele dort, die Fans vermissen Stehplätze und Anlaufstellen.
Ist ein Stadion erst einmal fertig gestellt, sind Veränderungen wenn überhaupt nur noch mit Mühe zu erreichen. So standen 2005 die Bayern-Fans im ständigen Dialog mit Vereinsführung und Allianz Arena, um zumindest Teile ihrer Anliegen umsetzen zu können. Die Fans des VfB Stuttgart gingen sogar auf die Straße, um für ein reines Fußballstadion zu demonstrieren.
Nach dem Bauboom zur Fußball-WM werden in den nächsten Jahren einige Städte nachziehen müssen, da sie unter einem gewissen Zugzwang stehen, der Entwicklung nicht zu lange hinterherzulaufen, wie etwa Aachen, Karlruhe, Essen und Dresden.
In Aachen hat die Stadion-Initiative ein Positionspapier ausgearbeitet und eingereicht. Der Tenor: so viel Tradition wie möglich, so viel Moderne wie nötig. Auch in Dresden beziehen die Fans offiziell Stellung – und schon ist die Forderung nach Artenschutz für die »Giraffen«-Flutlichtmasten Bestandteil der öffentlichen Diskussion. Nach derzeitigem Stand wird dieser Punkt nicht verwirklicht. Doch Detailplanungen der Fanbereiche im Neubau sind durchaus beeinflussbar.

Demonstration für ein reines Fußballstadion in Stuttgart

Die Dynamo-Anhänger schickten ihre Stadion-Wünsche per Postkarten an den Dresdener Bürgermeister

Benny – ein Name wurde zum Symbol

Die schwere Erkrankung des aktiven Mitglieds der Berliner Harlekins löste eine Welle der Hilfsbereitschaft aus.

Die schockierende Nachricht traf den Betroffenen unvorbereitet. Im August 2004 erfuhr Hertha-Fan Benny: Er hat Leukämie. Eine Chemotherapie wurde umgehend eingeleitet.
Es waren naturgemäß die Fans von Hertha BSC, die die Hilfsaktionen in Gang setzten. Was aber dann in den Herbst- und Wintermonaten folgte, war eine nie da gewesene Solidarität. Die Anzahl der Fanszenen, die sich mit Spruchbändern, Sammelaktionen und Typisierungen (die Bestimmung der Gewebemerkmale, aufgrund derer sich jemand als Knochenmarkspender eignet) einreihte, ist nahezu unüberschaubar. Ob Fans aus der Oberliga, dem Ausland, von Vereinen aus anderen Sportarten, ja sogar von Klubs, zu denen die Fans von Hertha ein eher schlechtes Verhältnis pflegen, unterstützten die Hilfskampagne. Gelder im sechsstelligen Bereich kamen zusammen, rund 6.000 Menschen ließen sich Blut für eine Typisierung abnehmen – eine stolze Bilanz. Wie viele Blutkrebspatienten durch eine nun umfangreichere Knochenmarkspenderdatei geholfen werden konnte, lässt sich nicht feststellen. Auch für Benny wurde ein Spender gefunden. Doch nach erfolgreicher Transplantation verschlechterte eine Infektion in der Lunge seinen Zustand. In der Universitätsklinik Hannover verstarb Benjamin Bienert am 28. Mai 2005. Er wurde 21 Jahre alt.

Das Dilemma mit den WM-Tickets

Eine zufriedenstellende Verteilung der 3,5 Millionen WM-Tickets ist schon rein rechnerisch nicht möglich, trotzdem bleiben Enttäuschungen nicht aus.

Chancen, an Karten für die WM zu kommen, wurden 2005 mindestens genau so heiß diskutiert wie die Frage, zu welchen Leistungen die Mannen von Jürgen Klinsmann bei der WM überhaupt fähig sein werden. Fast jeder Fußballfan, und das sind laut Umfragen allein rund 30 Millionen Deutsche, will bei der WM im eigenen Land live im Stadion dabei sein. Aus dem Ausland anreisende Fans müssen noch hinzugerechnet werden. Somit war frühzeitig klar, dass die Mehrheit die Spiele lediglich am Fernseher verfolgen kann, trotz großer neuer Stadien.

Fußballvereine, bei denen Kartenengpässe in der Liga ein Alltagsproblem sind, haben längst ihre Verteilungsschlüssel gefunden: Vorfahrt für Jahreskarteninhaber, Auswärtsfahrer, Vereinsmitglieder sowie ein Kontingent an Einzeltickets, um auch den einen oder anderen Gelegenheitsfan bedienen zu können.

Dass die FIFA dieses Prinzip der Belohnung der treuesten Fans nicht selbst verfolgt (oder aus organisatorischen Gründen nicht verfolgen kann), ist hier und da Grund für Irritationen. Daher erarbeitete das WM-OK ein hoch kompliziertes Verteilsystem mit mehreren Verkaufsphasen, die über das Internet abgewickelt wurden. Trotz umstrittener Geschäftsbedingungen, die auch von Verbraucherschutzverbänden kritisert wurden, gab es deutlich mehr Anfragen als Karten. Was zur Folge hatte, dass die Verlosung ein wenig an die Ziehung der Lottozahlen erinnerte. Der glückliche Gewinner von zwei Tickets für die Paarung F3 gegen F4 zum Preis von 90 Euro konnte sich des Neids seiner Freunde sicher sein.

Die hohen Kontingente für Sponsoren, Hospitality-Kunden und die »DFB-Familie« stoßen vielerorts auf Unverständnis. Immerhin entschloss sich der DFB im November, für die treuen Fans noch einmal ein Kontigent freizugeben, bestückte den *Fan Club Nationalmannschaft* und die Fanbeauftragten, Fanprojekte und Dachverbände der Vereine. Diese konnten dann selbst über die weitere Verteilung entscheiden und ermöglichten einigen aktiven Fans, die auch ohne WM regelmäßig ins Stadion gehen, doch noch in den Besitz von Tickets zu kommen. Trotzdem wird das Rennen um WM-Karten, auch auf dem Schwarzmarkt, bis zum Tag des Endspiels andauern.

Public Viewing statt Stadionerlebnis: Die Kartenbesitzer sind die Minderheit unter den WM-Fans

BILDER DES JAHRES – DEUTSCHLAND

DEZEMBER 2004

Borussia Dortmund – *FC Schalke 04*

Rot-Weiss Essen – *LR Ahlen*

1. FC Köln – *Rot-Weiß Erfurt*

Rot-Weiß Erfurt – ***Dynamo Dresden***

Hannover 96* – *Hertha BSC

Große Unterstützung für Benny

Zum Spiel zwischen Hannover und Hertha laufen die Mannschaften mit einem „Gemeinsam Helfen"-Transparent ins Stadion ein. Vor beiden Fanblöcken hängen Solidaritätsspruchbänder für den an Leukämie erkrankten Hertha-Fan.

Arminia Bielefeld – *Hansa Rostock*

Eintracht Braunschweig – *FC St. Pauli*

1. FC Nürnberg – Bayern München

Borussia Mönchengladbach – *Bayer Leverkusen*

***VfB Stuttgart** – Dinamo Zagreb*

*Eintracht Trier – **1. FC Saarbrücken***

JANUAR 2005

Eintracht Frankfurt – ***Alemannia Aachen***

Arminia Bielefeld – *Hannover 96*

Dynamo Dresden – Energie Cottbus

Beim Ost-Schlager zwischen Dynamo Dresden und Energie Cottbus setzen die Gästefans massiv Feuerwerkskörper ein. Beim anschließenden Ordner-Einsatz werden im Block mehrere Personen verletzt, die daraufhin Strafanzeige stellen.

Rot-Weiss Essen – ***Eintracht Frankfurt***

SpVgg Unterhaching – *TSV München 1860*

Hamburg – Kaiserslautern
Der Wettskandal um Schiedsrichter Hoyzer wird in den Stadien mit Transparenten und Spruchbändern kommentiert. Die Fans des HSV, der in besonderm Maße betroffen war, haben eine gute Quote für einen Heimsieg ermittelt.

FC Erzgebirge Aue – Rot-Weiss Essen

VfB Stuttgart – 1. FC Nürnberg
Mit einer großen Choreografie demonstrieren die Anhänger des VfB Stuttgart für ihren Vorsänger. Dieser hatte zuvor aufgrund eines äußerst umstrittenen Vorfalls ein Stadionverbot erhalten. Die Proteste der VfB-Fans ziehen sich wie ein roter Faden durch das Jahr 2005.

Bayern München–Hamburger SV
Beim Heimspiel gegen den HSV organisieren die *Schickeria München*, *Red United* und der *Club Nr. 12* eine Protestaktion. In der Heimkurve des Olympiastadions bleiben viele Plätze unbesetzt, sodass ein großes Herz sichtbar wird. Die Aktion richtet sich dagegen, dass viele Dauerkartenbesitzer in der neuen Allianz Arena keine Karten mehr für die Südseite bekommen. Auf dem Spruchband steht: »Wer Faninteressen ignoriert, reißt der Südkurve das Herz raus.« Die Aktion ist jedoch nur eine von vielen, mit der sich die Fans um Einfluss bei der Gestaltung ihrer neuen Kurve bemühen.

Arminia Bielefeld – **Hannover 96**

Alemannia Aachen – *LR Ahlen*

Borussia Mönchengladbach – *Arminia Bielefeld*

Karlsruher SC – **Eintracht Frankfurt**

Bayer Leverkusen – **VfL Bochum**

1. FC Nürnberg – 1. FC Kaiserslautern

FEBRUAR 2005

VfL Bochum *– SC Freiburg*

VfB Stuttgart – ***Hertha BSC***

Karlsruher SC – Dynamo Dresden

Ein Spiel mit Folgen
Nachdem während der Zweitliga-Begegnung mehrfach Leuchtrakten auf Zuschauer geschossen werden, erhalten beide Vereine harte Strafen: Der KSC muss 7.000 Euro bezahlen, Dynamo 40.000 Euro. Zudem dürfen die Dresdener beim Heimspiel gegen Aachen keine Stehplatzkarten verkaufen.

Rot-Weiss Essen – *MSV Duisburg*

Hertha BSC – ***1. FC Nürnberg***

VfL Wolfsburg – *Werder Bremen*

Alemannia Aachen – ***Erzgebirge Aue***

FC Parma – **VfB Stuttgart**

Borussia Dortmund – **VfL Bochum**

MSV Duisburg – Rot-Weiß Oberhausen

MSV Duisburg – TSV München 1860

TSV München 1860 – **Rot-Weiß Erfurt**

Dynamo Dresden – Eintracht Frankfurt

Werder Bremen – Olympique Lyon

MÄRZ 2005

VfL Bochum *– Borussia Dortmund*

Dynamo Dresden – 1. FC Köln

Fortuna Düsseldorf *– VfL Osnabrück*

FC Augsburg *– Sportfreunde Siegen*

Holstein Kiel *– VfB Lübeck*

LR Ahlen – ***Eintracht Frankfurt***

Rot-Weiss Essen – ***Karlsruher SC***

Erzgebirge Aue *– FC Rot-Weiß Erfurt*

***Arminia Bielefeld** – Hamburger SV*

***1. FSV Mainz 05** – FC Schalke 04*

Hannover 96 – **Hansa Rostock**

Hamburger SV – Borussia Dortmund

Hertha BSC Berlin – **1. FC Kaiserslautern**

Hamburger SV – Bayer Leverkusen

1.FC Köln U23 – **Fortuna Düsseldorf**

FSV Zwickau – VFC Plauen

1. FC Köln – 1. FC Saarbrücken

1. FC Nürnberg – *Werder Bremen*

Arminia Bielefeld – *FC Hansa Rostock (DFB-Pokal)*

Preußen Münster – *VfL Wolfsburg*

APRIL 2005

TSV München 1860 *– 1. FC Köln*

LR Ahlen – ***1. FC Köln***

VfL Wolfsburg – ***Bayern München***

Eintracht Frankfurt *– SpVgg Unterhaching*

Hertha BSC – *FC Schalke 04*

SV Darmstadt 98 – *Kickers Offenbach*

Eintracht Frankfurt – *Eintracht Trier*

1. FC Nürnberg – **Borussia Mönchengladbach**

VfL Bochum – 1. FSV Mainz 05

Arminia Bielefeld – **Bayer Leverkusen**

SG Wattenscheid 09 – VfL Bochum (A)

Borussia Mönchengladbach – 1. FSV Mainz 05

Arminia Bielefeld – SC Freiburg

***Arminia Bielefeld** – Bayern München (DFB-Pokal)*

***Arminia Bielefeld** – FC Schalke 04*

***KFC Uerdingen** – Wuppertaler SV Borussia*

***FSV Zwickau** – FC Carl Zeiss Jena*

SpVgg Greuther Fürth – *Karlsruher SC*

1. FC Köln – *SpVgg Greuther Fürth*

FC Sachsen Leipzig (A.) – *FC Sachsen Leipzig (Sachsenpokal)*

Chemnitzer FC – *FC St. Pauli*

Hamburger SV – **Werder Bremen**

1.FC Kaiserslautern – **Hannover 96**

Borussia Mönchengladbach – VfL Bochum

Eintracht Braunschweig – Wuppertaler SV Borussia

FC Schalke 04 – **Hamburger SV**

Rot-Weiss Essen – *Dynamo Dresden*

VfL Osnabrück – ***SC Paderborn 07***

FC St. Pauli – *VfB Lübeck*

FC St. Pauli – *Borussia Dortmund (A)*

FC St. Pauli – *Hamburger SV (A)*

Preußen Münster – VfL Osnabrück

***VfL Osnabrück** – Eintracht Braunschweig*

***Hallescher FC** – FC Sachsen Leipzig*

MAI 2005

Dynamo Dresden – *Erzgebirge Aue*

TuS Koblenz – *Kickers Offenbach*

VfB Auerbach 1906 – ***FSV Zwickau***

FC Gütersloh 2000 – *SG Wattenscheid 09*

VfL Osnabrück – *Wuppertaler SV Borussia*

FC Schalke 04 – *Borussia Dortmund*

Stuttgarter Kickers – **VfR Aalen**

1. FC Nürnberg – *1. FSV Mainz 05*

Hertha BSC – *Hannover 96*

Hamburger SV – *VfL Bochum*

Hannover 96 – *Hamburger SV*

1. FC Köln – *Eintracht Trier*

Stadionverbote in Frankfurt
Beim Auswärtsspiel in Ahlen sitzt ein Fahnenschwenker auf dem Zaun. Als die Polizei in den Block kommt, um ihm zum Heruntersteigen aufzufordern, eskaliert die Situation. Die Folge des harten Polizeieinsatzes sind rund 30 Stadionverbote für Eintracht-Fans.

Eintracht Trier – ***Karlsruher SC***

VfB Stuttgart – *Hannover 96*

Karlsruher SC – *Energie Cottbus*

Arminia Bielefeld – *VfL Wolfsburg*

LR Ahlen – *Rot-Weiss Essen*

Eintracht Trier – *Karlsruher SC*

FC St. Pauli – Eintracht Braunschweig

SC Freiburg – *1.FC Kaiserslautern*

VfB Lübeck – *Fortuna Düsseldorf*

Rot-Weiß Erfurt – *1.FC Köln*

Hansa Rostock – *Arminia Bielefeld*

Energie Cottbus – *Eintracht Frankfurt*

Die gelbe Wand
Faszinierendes Schauspiel beim Dortmunder Heimspiel gegen Hansa Rostock: Rund 4.000 Doppelhalter haben die Fans der Borussia angefertigt. Aus der größten Stehtribüne Europas wird eine gelbe Wand. Vorausgegangen waren wochenlange Bastelarbeiten, die rund 10.000 Euro verschlangen.

Pokalfinale 2005: FC Schalke 04–Bayern München

1. FSV Mainz 05 – 1. FC Kaiserslautern

1. FC Kaiserslautern – Werder Bremen

SpVgg Unterhaching – Rot-Weiß Oberhausen

1. FSV Mainz 05 – Bayern München

Abschied vom Olympiastadion
Ausgerechnet der alte Rivale aus Nürnberg war zu Gast beim letzten Heimspiel der Bayern im Münchener Olympiastadion. Und passend zum Anlass wurde den Bayern – mal wieder – die Meisterschale überreicht. »Ein großes Kapitel geht zu Ende... Die Erfolgsgeschichte geht weiter!« lautete das Motto der Choreografie der Bayern-Fans. Im aufgeklappten Buch ist zu lesen: »(...) wollte es der Fußballgott so, dass auch beim letzten Spiel im Olympiastadion wieder die Meisterschale an die Roten von der Isar überreicht wurde. Voller Freude feierten Fans und Spieler bis zum Morgengrauen und schauten auf die erfolgreichen Jahre in diesem wunderschönen Stadion zurück.«

Abschied aus Giesing
Im Olympiastadion hatten sich viele 60-Fans lange nicht wohl gefühlt. Nach dem Abstieg in die 2. Liga kehrte der Verein heim ins traditionsreiche »Städtische Stadion an der Grünwalder Straße«. Jedoch nur für ein Jahr, dann folgte der Umzug in die Allianz Arena.

Eröffnung der Allianz Arena
Einen Eröffnungsmarathon erlebte die neue Allianz Arena: Einem Spiel der Traditionsmannschaften folgte der Auftakt mit 1860 gegen Nürnberg, bevor der FC Bayern die deutsche Nationalmannschaft herausforderte. Im vierten Spiel kam es dann zum Stadtderby. Die Fans beider Vereine nutzen den Auftakt für erste große Aktionen.

JUNI 2005

SV Darmstadt 98 – ***Sportfreunde Siegen***

VfL Wolfsburg (A) – ***SC Paderborn 07***

Bayern München *– TSV München 1860*

1. FSV Mainz 05 – ***Kickers Offenbach***

Eintracht Braunschweig – *Arminia Bielefeld (A)*

SV Lippstadt 08 – *VfL Bochum (A)*

Wuppertaler SV Borussia – *Hamburger SV (A)*

Confederations Cup: Argentinien – **Deutschland**

Confederations Cup: Mexikanische Fans in Hannover

Confederations Cup: Argentinien – **Tunesien**

Confederations Cup: **Griechenland** – Mexiko

Confederations Cup: **Japan** – Brasilien

Confederations Cup: Brasilien – **Griechenland**

Confederations Cup: **Tunesien** - Deutschland

Confederations Cup: **Deutschland** – Brasilien

JULI 2005

Fortuna Düsseldorf *– VfL Osnabrück*

Werder Bremen II – ***FC St. Pauli***

Rot-Weiß Oberhausen – Holstein Kiel

Kickers Emden – **Rot-Weiss Essen**

Wuppertaler SV Borussia – **Carl-Zeiss Jena**

Rot-Weiß Erfurt – 1. FC Köln II

AUGUST 2005

Erzgebirge Aue *– Alemannia Aachen*

Bayern München *– Borussia Mönchengladbach*

Wuppertaler SV Borussia *– Rot-Weiss Essen*

Wuppertaler SV Borussia – TSV München 1860

Alemannia Aachen – Karlsruher SC

1. FC Union Berlin – BFC Dynamo

SSV Reutlingen – **SSV Ulm 1846**

VfR Aalen – Stuttgarter Kickers

Fortuna Düsseldorf *– FC St. Pauli*

Borussia Dortmund – FC Schalke 04

Energie Cottbus *– Eintracht Braunschweig*

Karlsruher SC *– Sportfreunde Siegen*

SpVgg Greuther Fürth *– Dynamo Dresden*

Hannover 96 – Hertha BSC Berlin

Waldhof Mannheim – *VfR Mannheim*

Bayer Leverkusen – *Bayern München*

Hansa Rostock – *Kickers Offenbach*

Werder Bremen – *Armina Bielefeld*

1. FC Kaiserslautern – *MSV Duisburg*

1. FC Nürnberg – *Hannover 96*

Sportfreunde Siegen – **SpVgg Unterhaching**

VfB Stuttgart – 1. FC Köln

MSV Duisburg – VfB Stuttgart

VfL Wolfsburg – Borussia Dortmund

FC Augsburg – TSV München 1860 II

Eintracht Braunschweig – Borussia Dortmund (DFB-Pokal)

Eintracht Braunschweig – *LR Ahlen*

SV Darmstadt 98 – *SC Pfullendorf*

FC Sachsen Leipzig – *Dynamo Dresden*

1. FC Union Berlin – *Berliner AK*

Hallescher FC *– FC Oberlausitz Neugersdorf*

SV Stuttgarter Kickers *– Hamburger SV (DFB-Pokal)*

VfL Osnabrück – Preußen Münster

SG Wattenscheid 09 – **Fortuna Düsseldorf**

FC Eilenburg – **Hallescher FC**

Rot-Weiss Essen – **Rot-Weiß Oberhausen**

1. FC Eschborn – 1. FC Nürnberg (DFB-Pokal)

1. FC Magdeburg – VfB 09 Pößneck

SC Paderborn 07 – VfL Wolfsburg (DFB-Pokal)

SEPTEMBER 2005

Kickers Offenbach – VfL Bochum

Fortuna Düsseldorf – **Kickers Emden**

Hallescher FC – ZFC Meuselwitz

VfL Wolfsburg – 1. FC Nürnberg

Rot-Weiß Erfurt II – ***Hallescher FC***

SV Babelsberg 03 – *BFC Dynamo*

TSV München 1860 – *Eintracht Braunschweig*

TSV München 1860 – *Dynamo Dresden*

Energie Cottbus – *Erzgebirge Aue*

Dynamo Dresden – *Eintracht Braunschweig*

Dynamo Dresden – *Eintracht Braunschweig*

SC Freiburg – *Karlsruher SC*

TuS Koblenz – **SSV Jahn Regensburg**

VfB Lübeck – Fortuna Düsseldorf

MSV Duisburg – 1. FC Nürnberg

Hannover 96 – Eintracht Frankfurt

VfB Stuttgart – Arminia Bielefeld

Hamburger SV – Bayern München

1. FC Kaiserslautern – *1. FSV Mainz 05*

1. FC Nürnberg – Bayern München

1.FC Köln – *Borussia Mönchengladbach*

Bayer Leverkusen – *1. FC Köln*

OKTOBER 2005

Carl Zeiss Jena *– Rot-Weiß Erfurt*

Erzgebirge Aue *– LR Ahlen*

Holstein Kiel *– Rot-Weiss Essen*

Holstein Kiel – FC St. Pauli

Rot-Weiss Essen – **VfL Osnabrück**

1.FC Bocholt – 1. FC Kleve

FC Gütersloh 2000 – Westfalia Herne

VfB Stuttgart – Hertha BSC

1.FC Köln – Bayern München

FSV Zwickau – *Erzgebirge Aue II*

Hamburger SV – *FC Schalke 04*

Bayern München – *VfL Wolfsburg*

SV Grimma – ***Hallescher FC***

Arminia Bielefeld – Hertha BSC

Arminia Bielefeld – Hannover 96

Werder Bremen – **Eintracht Frankfurt**

MSV Duisburg – Eintracht Frankfurt

VfL Osnabrück – 1. FC Köln II

SpVgg Unterhaching – LR Ahlen

SG Wattenscheid 09 – *FC St. Pauli*

1. FC Saarbrücken – *Energie Cottbus*

Hannover 96 – Werder Bremen

Karlsruher SC – *Energie Cottbus*

***Hamburger SV** – VfL Wolfsburg*

***1.FC Nürnberg** – Arminia Bielefeld*

NOVEMBER 2005

Dynamo Dresden – *Erzgebirge Aue*

Wochenende 26. bis 29. November: Bundesweiter Protest unter dem Motto »Mehr Freiheit für Fans – Für eine unabhängige Ombudsstelle«, *u.a. bei den Spielen Erzgebirge Aue* – **Eintracht Braunschweig,** *Wacker Burghausen* – **VfL Bochum, Rot-Weiss Essen** – *Rot-Weiß Erfurt,* **Hannover 96 – 1. FC Kaiserslautern**

Hansa Rostock – *Energie Cottbus*

TSV München 1860 – *Alemannia Aachen*

Hannover 96 – *1. FSV Mainz 05*

Champions League 2005/06: **FC Schalke 04** – PSV Eindhoven

Sachsen Leipzig – **Hallescher FC**

VfB Lübeck – Holstein Kiel

1. FC Saarbrücken – Hansa Rostock

***Alemannia Aachen** – Eintracht Braunschweig*

SpVgg Greuther Fürth – *1. FC Saarbrücken*

1. FSV Mainz 05 – *Eintracht Frankfurt*

THEMEN DES JAHRES – INTERNATIONAL

FCUM statt ManU

Nachdem die ManU-Fans die Übernahme des gesamten Aktienpaketes von Manchester United durch den amerikanischen Milliardär Malcolm Glazer nicht verhindern konnten, gründeten sie ihren eigenen Club.

Die Asche von verbrannten Jahreskarten steigt in die Luft, Fußballfans aller Generationen säumen mit wut- und tränenerfüllten Gesichtern den Weg zum Stadion Old Trafford in Manchester. Es ist Mai 2005, ein für englische Verhältnisse sonniger Wonnemonat. Doch von Frühlingsgefühlen ist hier in Nordengland nichts zu spüren. Die Zeit ist für einen großen Teil der Fans von Manchester United vielmehr mit den dunkelsten Stunden ihres Fanlebens verbunden. Es ist die Zeit, in der ein großer Verein den Ausverkauf seiner Identität zu weit treibt.

Und ein Teil der Fans wendet sich entfremdet ab von seinem Club und von Old Trafford. Dem Ort, der ihnen über Jahrzehnte hinweg unvergessliche Fußballerlebnisse beschert hatte.

Doch seit Juni 2005 existiert in Manchester ein zweiter Club mit einem kraftvollen »United« im Namen: Der FC United of Manchester. Ein Verein, ins Leben gerufen als Konsequenz aus der ausufernden Kommerzialisierung des ursprünglichen »United«. In der Neugründung kulminierte der Konflikt mit dem US-Milliardär Malcolm Glazer, dessen Übernahme des gesamten Aktienpaketes die Fanseele bis ins Mark traf.

Mit einem bescheidenen Anteil von 2,9 Prozent wurde er 2003 in der nordenglischen Metropole vorstellig. Den NFL-Club Tampa Bay Buccaneers hatte Glazer in seiner Heimat groß gemacht, doch sein Interesse an Manchester speiste sich offenbar nicht aus einer besonderen Fußballbegeisterung oder Verbindung zum Club. Vielmehr machte Glazer von Anfang an deutlich, dass er von den gut laufenden Geschäften des bereits vor Jahren in eine Aktiengesellschaft umgewandelten Vereins profitieren will. So fasste er eineinhalb Jahre nach seinem Einstieg einen aus seiner kaufmännischen Sicht klugen, für die Fanseele aber mehr als perfiden Plan: Mehrere Darlehen über insgesamt 850 Millionen Euro sollte ihm die Möglichkeit zum Kauf des gesamten Aktienpaketes für 1,2 Milliarden Euro gewähren. Der Club wiederum, so sah es seine Planung vor, käme dadurch zu dem zweifelhaften Vergnügen, einen großen Teil des Schuldenstandes zu übernehmen.

Als am 30. Mai die beiden irischen Geschäftsleute JP McManus und John Magnier als letzte Anleger ihre Anteile an Glazer veräußerten, war das Schicksal von Manchester United besiegelt.

Denn die Vision, die sich den Anhängern darbot, war alles andere als verlockend: Von nun an war Glazer der allein herrschende Meister der Zahlen. Das ohnehin in den letzten Jahren schon geschwächte Bewusstsein für Tradition und Faninteressen in Manchester war an einem Tiefpunkt angelangt. Konnte die United-Anängerschaft 1999 die Übernahme durch den britischen Medienmogul Rupert Murdoch durch monatelangen Einsatz bis in höchste gerichtliche Instanzen noch verhindern, stand sie nun der neuen Situation scheinbar machtlos gegenüber. Dabei hatten die Fanorganisationen mit höchstem Engagement und Leidenschaft ihren Standpunkt deutlich gemacht. Seit dem Bekanntwerden der Pläne kämpfte eine Union aus der Independent Manchester United Supporters Association (IMUSA), der Kleinaktionärsvertretung Shareholders United (SU) und den wichtigsten Fanzines gegen die Übernahme an. Mit Aufsehen erregenden Protestaktionen gegen Banken, Vorstandsmitglieder und die Glazer-Familie und den öffentlichen Boykott von ManU-Sponsoren wie Nike oder Vodafone versuchten die Fans das Unheil abzuwenden. Verhindern konnte dies die Übernahme ebenso wenig wie die Planungen der SU, sich über Kredite selbst einen 25-prozentigen Anteil zu sichern, der Glazer hätte stoppen können. Doch einige United-Fans dachten nicht daran, vor den Tatsachen zu kapitulieren. Sie zogen die ultimative Konsequenz aus ihrer Ablehnung der Entwicklungen in ihrem Verein. Im Juni 2005 war der FC United of Manchester geboren.

In der Konzerthalle »Apollo Theatre« in Manchester schmiedeten 2.000 frustrierte Fans die Grundidee für einen Club, in dem alles anders sein sollte. Rechtsanwälte, Manager wie auch einfache Arbeiter feilten gemeinsam an ihrer Vision. Ohne jede konkrete Vorstellung freilich, wie ein Fußballverein eigentlich zu führen sei. Doch die Sache entwickelte rasch eine rasante Eigendynamik. Bereits Anfang Juni hatten sich rund 4.000

Kundgebung nach dem ManU-Ausverkauf…

…und symbolische Verabschiedung vom alten Klub

Die Gründungsversammlung des neuen »United«…

…und das Selbstverständnis in Zaunfahnen

Unterstützer gefunden, die durch ihre Mitgliedsbeiträge die Gründung des FC United ermöglichten. Bei der inhaltlichen Ausgestaltung der Vision stand das Beispiel des AFC Wimbledon Pate. Der AFC wurde vor drei Jahren von Fans des Londoner Vorortclubs Wimbledon FC als Reaktion auf die Umzugspläne des Vorstands gegründet. Auf der ersten Generalversammlung des FC United verabschiedeten 700 Mitglieder die Vereinssatzung. Formal registrierte der Club sich als »Industrial and Provident Society«. Diese Gesellschaftsform legt eine Gemeinwohlorientierung des Gewinns fest und garantiert eine basisdemokratische Vorstandswahl und gleiche Stimmverteilung. Den formalen Regelungen wurde ein Grundsatzprogramm zur Seite gestellt. Dort heißt es: »Unser Ziel ist es, einen langfristig überlebensfähigen Verein zu schaffen, der seinen Mitgliedern gehört und von ihnen demokratisch geführt wird, der allen Bevölkerungsteilen zugänglich ist, ein Verein, an dem diese vollumfänglich teilnehmen können.« Für das FC United-Vorstandsmitglied Andy Walsh liegt der Zweck der Vereinsgründung nicht allein im reinen Protest gegen die Glazer-Übernahme. »Es geht darum, für die vielen, vielen Fans, die es sich nicht mehr leisten können zum Fußball zu gehen, Stellung zu beziehen«, sagt er. Denn nur an wenigen Orten scheint der monetäre Größenwahn so weit fortgeschritten zu sein wie in Manchester. Horrende Ausgaben für Spieler und Marketing werden aus den Taschen der Zuschauer rückfinanziert. In den letzten Jahren waren stetig steigende Kartenpreise die Folge. Es ist keine allzu unrealistische Befürchtung, dass sich dies angesichts des Schuldenstandes durch den Glazer-Deal noch weiter fortsetzen wird.

Zurück in die Zukunft: der Neubeginn

Sportlich bewegt sich der FC United am anderen Ende des englischen Fußball-Universums. Der Club kickt in der Division Two der Moore & Company Construction Solicitors League, der zehnten und untersten Spielklasse. Die Gegner heißen nicht Chelsea, Arsenal oder Real Madrid, sondern Blackpool Mechanics, Daisy Hill und Holker Old Boys. Doch für die Beteiligten verkörpert der FC United of Manchester ein Ideal vom Fußballsport, das dem alten »United« schon lange abgeht. »Hier haben wir eine Alternative zu dem, was aus Manchester geworden ist. Dies hier ist Fußball am Samstag um drei, so wie er früher war. Fußball, bei dem die Fans es sich leisten können, ihre Mannschaft zu Hause zu sehen«, sagte Trainer Karl Marginson bei seinem Amtsantritt im Juli. In der Liga läuft es für die aus mehr oder weniger renommierten Amateurspielern zusammengesetzte Mannschaft rund. Mit weitem Abstand führt sie nach einem Drittel der Saison die Tabelle an, die neunte Liga winkt. Ganz abgesehen davon, dass der FC United mit knapp 2.500 Besuchern pro Spiel sämtliche Zuschauerrekorde der Amateurligen bricht. Einen geeigneten Spielort zu

Volle Tribüne in Liga 10: Der FC United of Manchester sorgt im Amateurfußball für Zuschauerrekorde

Gejubelt wird häufig beim FCUM – das Team gewinnt oft und hoch

finden, wurde dabei zu einem der größten Probleme der Gründungsphase. Mittlerweile hat der neue Club seine Heimstatt im 9.000 Zuschauer fassenden Stadion des Viertligisten FC Bury an der Gigg Lane in Manchester gefunden.

Vor dem Hintergrund des großen Enthusiasmus, den die Verantwortlichen an den Tag legen, ist die Hoffnung berechtigt, dass der FC United keine medienwirksame Eintagsfliege ist. Wieder mit Blick auf den AFC Wimbledon, der mittlerweile über 20 Mannschaften aufgebaut hat, soll der Club in den nächsten Jahren weiter wachsen. Im Sinne des Grundsatzprogramms sollen dabei alle Gesellschaftsschichten eingebunden werden. Für die nächste Saison peilt der FC United die Einrichtung jeweils einer Reserve-, Jugend- und Damenmannschaft an.

Und welche Konsequenzen hat die Initiative für Manchester United? Zunächst wohl keine unmittelbar spürbaren. Noch immer strömt das Publikum zu den Auftritten der Rot-Weißen in der Premier League oder Europas Königsklasse. Längst ist der Verein, der seine Absatzmärkte durch Werbetourneen nach Asien oder in die USA zu erweitern sucht, nicht mehr direkt von seiner Basis abhängig. Angesichts von 70 Millionen ManU-Fans in der ganzen Welt, vermögen die wenigen tausend Abtrünnigen die Existenz nicht zu gefährden. Und dennoch: Der Schaden, den das Ansehen von Manchester United genommen hat, ist irreparabel. Bei den großen Sponsoren entwickelte sich durch die Protestaktionen, die plötzlich auch ihre Interessen trafen, zumindest eine gewisse Skepsis. Für Fangruppen weltweit steht Manchester United nunmehr als Symbol für die negativen Folgen der ungezügelten Kommerzialisierung von Fußballvereinen.

Konflikte mit den weiterhin zahllosen Getreuen im »Old Trafford« nehmen die FC United-Anhänger in Kauf. Denn für sie ist die Neugründung nicht Ausdruck einer Ablehnung des Gesamtphänomens Manchester United. Spiele von Rooney, van Niestelrooy & Co gehören noch immer zum samstäglichen Pflichtprogramm. Doch für sie geht die Faszination des Clubs über das sportliche Event hinaus. »What I love about this club is the identitiy, the philosophy«, heißt es im Anti-Glazer-Programm der SU. Diese Identität und Philosophie haben die FC United-Gründer in ihrem Sinne umgeschrieben. So haben die Beteiligten ihr eigenes Alternativprogramm geschaffen, das von einer spontanen Idee mehr und mehr zur Vollzeitaufgabe geworden ist.

In Anlehnung an Tabak-Warnungen: Fans gegen Red Bull

Scheitern als Chance

Die Fans von Austria Salzburg kämpften 2005 vergeblich um den Erhalt ihres Clubs. Inzwischen engagieren sie sich für die Wiederbelebung – ein Projekt mit kleinem Etat und großer Vereinsliebe.

Jede Subkultur, das lehrt die Soziologie, hat ihre eigene Sprache, ihre verbalen Codes. Diese sind höchst veränderlich – neue Ausdrücke entstehen, andere sind bald antiquiert und verschwinden aus dem Szenewortschatz. Ein Beispiel des Jahres 2005: »Pimp my ride« nannte MTV seine Sendung, in der es um das Aufmotzen von Autos ging. Sie gewann eine begeisterte Fangemeinde. »Pimp my Club« war unterdessen das Motto, das Red Bull, ein Getränkehersteller mit nicht geringer Zielgruppenschnittmenge mit MTV, verfolgte. Einziger Unterschied: Die Fangemeinde bestand schon vorher und war über das Tuning des SV Austria Salzburg entsetzt.

»Leiberl« sagen sie dort zu den Trikots – das hört sich weniger nach Trendsprache, sondern eher wie eine Verniedlichung an. Doch der Streit um die Leiberl, genauer gesagt, um deren Farbe, war der Auslöser für einen handfesten Konflikt.

Violett – diese Farbe hatten die Väter des Clubs im geschichtlich belasteten Gründungsjahr 1933 gewählt, weil sie für politische Neutralität stand. Violett waren seither die Vereinsfarben und die Trikots. Auch heute noch steht in den Statuten des inzwischen in Red Bull Salzburg umbenannten Vereins, dass Violett und Weiß die offiziellen Vereinsfarben sind. Jedoch werden sie nirgendwo mehr verwendet.

Der Zwist um die Farben war indes nur der erste Schlagabtausch zwischen den Fans und dem Verein, an dessen Ruder nun Red-Bull-Chef Dietrich Mateschitz steht, denn den rot-weißen Trikots folgte eine Umgestaltung des gesamten Vereinsauftritts.

Dass Red Bull den Sport als Werbeträger nutzt, ist nicht neu. Man erinnert sich an Motorrad-Hasardeure, die einen immer steiler werdenden Berg hochfahren, auch beim Selfmade-Flugdrachen-Contest mit möglichst kuriosen Abstürzen in Berlins Wannsee war die Marke präsent, ebenso wie bei den Kunstfliegern, die zwischen Torbögen über Flussläufe fliegen. Diese Szenen wurden vielfach ausgestrahlt, fast jeder kennt sie. Für die Markenbekanntheit der Trend-Brause waren sie ein Segen.

Inzwischen hat der rote Bulle die heimische Weide der Funsport-Events verlassen und tastet sich an den großen Sport heran. Zum Beispiel an die Formel 1, wo sich die Fans von Minardi per Internet-Petition dagegen wehren, dass ihr Team, allseits als das Tasmania unter der Konstrukteuren bekannt, durch Red Bull vereinnahmt und zum Rookie-Team des bereits bestehenden Red Bull-Rennstalls (ehemals Jaguar) gemacht wird.

Salzburg im Fokus der Fußballwelt

Thema der Schlagzeile zu sein ist wichtig, der Inhalt sekundär, denn dass für die Marke getrommelt wird, darauf kommt es an. Damit jonglieren Fachleute für Öffentlichkeitsarbeit. Eine Klaviatur, die Red Bull beherrscht, und selbst mit dem Einkauf von Luis Figo wurde medienwirksam spekuliert. Immerhin: Thomas Linke und Alexander Zickler sind gekommen. Obendrein erhält Franz Beckenbauer einen Beratervertrag. Man merkt: Gelder sind vorhanden und werden auch gerne investiert, um aus einem Fußballspiel eine Promotion-Veranstaltung zu machen. Jetzt bestimmen im Rahmenprogramm Stelzenläufer und Toreros die Szenerie.

Die Presse nahm das Schauspiel dankbar an. Fußball gnadenlos aufgepeppt und Fans, die dagegen Sturm laufen – damit war die eine oder andere Schlagzeile zu machen. Vom »Beschallungszentrum Kleßheim« sprachen sie, von der »größten Bauerndisko der Welt« war zu lesen – allerdings auch von der »Verbeachvolleyballisierung« und vom »Event-Stadl«. Und sogar das ZDF und der »Spiegel« schickten ihre Reporter in die Mozartstadt.
Kreativ wie kritisch waren die Solidaritätsbekundungen an die Fanszene aus dem In- und Ausland. »Red Bull verdient Prügel« hieß es unter anderem, in Anlehnung an den bekannten Werbespruch des Unternehmens.
Schon bevor es zum internationalen Aktionstag kam, gab es Unterstützung von anderen Fanszenen aus Österreich und den Nachbarländern. Und selbst in China und den USA waren Transparente zu lesen. Doch sowohl die mediale Aufwertung der Fan-Bewegung als auch der Schulterschluss anderer Fangruppen kümmerte Red Bull we-

Einmal Euphorie, Entsetzen und zurück

Die Chronik eines Überlebenskampfes

6.4.05: Die Salzburg Sport AG, Betreiberin von Austria Salzburg, wird von Red-Bull-Chef Mateschitz übernommen. Anfänglich sind die Reaktionen, verbunden mit der Hoffnung auf bessere Zeiten, positiv.
23.4.05: Inzwischen fürchten viele Anhänger, dass der Besitzwechsel drastische Veränderungen mit sich bringen wird und organisieren zum Spiel gegen Austria Wien eine an die Tradition erinnernde Choreografie unter dem Motto »Unser Verein: Austria Salzburg, unsere Farben: violett-weiß«.
7.5.05: Insgesamt 9.000 Unterschriften werden der Vereinsführung überreicht. In Anlehnung an das Gründungsjahr bleibt die Südkurve für 19:33 Minuten gesperrt. »Austria Salzburg – Violett-Weiß seit 1933« liest man gegenüber – als erste bekunden die Gästefans von Sturm Graz ihre Solidarität.
10.5.05: Fanclubvertreter und Club-Offizielle treffen sich zu ersten Gesprächen. Ergebnis: Die Trikotfrage wird auf die anstehende Sommerpause vertagt.
29.5.05: Das letzte Heimspiel von »Austria Salzburg« – ein 2:1-Erfolg gegen Bregenz.
3.6.05: Nach der Generalversammlung ist nun auch die Umbenennung offiziell. Fortan nennt sich der Club »Red Bull Salzburg«.

Heute ein Sitzplatzbereich: Der ehemalige Fanblock

Blocksperre als Protestform

14.6.05: Die neue Homepage geht online. Auf violette Farben wird durchgehend verzichtet, ebenso findet sich kein Wort zur Vereinsgeschichte von Austria Salzburg.
1.7.05: Als fanclubunabhängiger Zusammenschluss wird die »Initiative Violett-Weiß« gegründet, die eine Rückkehr zu den alten Farben als ihr oberstes Ziel ausgegeben hat.
13.7.05: Die halbe Südkurve des Stadions wird in Sitzplätze umgewandelt. Für die Fans ein deutliches Zeichen, dass ihre Interessen nicht mehr gefragt sind.
22.7.05: Zum ersten Heimspiel verteilt Red Bull Plastikbrillen, die dem Sichtfeld eine violette Färbung verpassen. Die Aufschrift »Durchsicht – Klarsicht – Einsicht« werten die Fans als Verharmlosung und Provokation.
15.9.05: Die Fans brechen die Gespräche mit Red Bull endgültig ab – »aus Sinnlosigkeit«.
17.9.05: Durchführung eines europaweiten Aktionstags, zu dem die Salzburger Fans in den Wochen zuvor aufgerufen haben. Zum letzten Mal greifen sie selbst in das Geschehen im Stadion ein: in der Südkurve werden unzählige bengalische Fackeln abgebrannt.
31.10.05: Anhänger haben sich die Namensrechte für »SV Austria Salzburg« gesichert.

nig. Der Imageschaden der Marke in Fußballfankreisen scheint nicht zu stören. Das Problem der quengelnden und nervenden Fanaktivisten wird sich bequem aussitzen lassen, schließlich hat sich der österreichische Fußball längst an die kommerziellen Vereinsnamen gewöhnt – auch Austria Salzburg trug schon die Namen »Casino« und »Wüstenrot«.

Verhärtete Fronten

»Das ist nicht das Publikum, das wir uns im Stadion wünschen«, sagte Mateschitz über die protestierenden Fans im Gespräch mit der Frankfurter Rundschau. Nicht ins Bild passende Meinungen wurden als »Rowdytum« abgestempelt, Hausverbote en masse waren schnell ausgesprochen. Unter anderem betroffen: eine Mutter, die ihrem Sohn auf ihren Namen eine Jahreskarte geschenkt hatte und seit 1994 nicht mehr im Stadion war.
Man verwehrte gar traditionell violett gekleideten Fans den Eintritt ins Stadion. Die Distanz zum angestammten Anhang war schnell gewachsen. Der Verein hat zudem durch den völlig überraschenden Abbau der Stehplätze längst deutlich gemacht, dass es ihm gar nicht unrecht ist, wenn sich die Traditionalisten aus freien Stücken verabschieden.
»Wer sich nicht kritik- und bedingungslos dem Red-Bull-Diktat unterworfen hat, ist daraufhin rausgeschmissen worden«, sagt Harald Mittermaier von der »Initiative Violett-Weiß«. Der beliebte Stadionsprecher wurde ausgetauscht, der Fanbeauftragte schmiss freiwillig hin, unter anderem, weil er nicht mehr autorisiert war, Fanbusse zu organisieren. Nicht nur was die Symbole angeht, sondern auch was das Personal (nur acht Spieler aus dem alten Kader überlebten die Zäsur) oder den Trikotausrüster betrifft – bei der Umgestaltung des Vereins im Sommer blieb kein Stein auf dem anderen. Das bestehende Gebilde wurde eingerissen und völlig neu wieder aufgebaut.

Der rote Bulle: überall im Stadion präsent

Die Fans persiflierten das Prinzip Red Bull, indem sie alsbald ihre eigene Kampagne mit frappierenden Bildmotiven starteten: Ssie zeigten das Mozart-Geburtshaus in Red-Bull-Anstrich und Pommes Frites mit blauer Mayonnaise.
Doch es sollte nicht gelingen, Red Bull mit den eigenen Waffen zu schlagen. Der Kampf um die Erhaltung von Violett, »1933« und »Austria« war nicht zu gewinnen. Trotz umfassender Aufklärungsarbeit war es nicht möglich, die verbleibenden und neuen Fußballkonsumenten im Stadion für ihren Weg zu gewinnen. Red Bull Salzburg wird mittlerweile von den meisten Zuschauern akzeptiert.

Die neue Fangeneration

Der Neubau

Die traditionelle Fanszene hat jedoch nicht aufgegeben. Sie sammelte die Überreste ihres alten Vereins auf und setzte sie zu einem neuen Austria Salzburg zusammen, nachdem die Namensrechte gesichert waren.
Diese Wiederbelebung ist eine Herausforderung. Das Ziel ist ein Verein mit den basisdemokratischen Prinzipien, die man den Anhängern zuvor verwehrt hat. Mit Hochdruck leisten die Fans Pionierarbeit – Sponsorensuche, Verbandsstatuten wälzen, Spieler sichten – alles, was dazugehört.
Spannender, als sich Gedanken darüber zu machen, mit welcher Supportrichtlinie beim nächsten Spiel Protest kundgetan wird, ist das allemal.

»Ich weiß nicht, gegen wen Red Bull am Wochenende spielt.«

Harald Mittermaier ist einer der Aktivisten der Fanszene, die in den letzten Monaten für die traditionellen Werte von Austria Salzburg eingetreten ist und schlussendlich dem Verein Red Bull Salzburg den Rücken zugewendet hat. Heute fungiert er als Sprecher der *Initiative Violett-Weiß*.

Stadionwelt: Für Salzburgs Fans waren es bewegende Monate. Wie fällt eure Bilanz aus?

Mittermaier: Sehr bitter, sehr ernüchternd. Am Ende stand eine völlige Entfremdung der Fanszene. Unser Verein wurde getötet, aber wir setzen alles daran, dass er wieder aufersteht.

Stadionwelt: Und aus ganz persönlicher Sicht: Wie schmerzhaft ist so eine Entwöhnung?

Mittermaier: Ich persönlich habe in über 17 Jahren eine enorme Identifikation mit dem Club aufgebaut. Zu dieser Zeit hätte ich es nicht für möglich gehalten, wie gleichgültig mir das heute alles ist. Und es wäre undenkbar gewesen, dass ich irgendwann nicht mehr weiß, gegen welchen Gegner Salzburg am Wochenende antritt. Das geht jedoch jetzt vielen langjährigen Anhängern so, die nun an den Wochenenden Groundhopping betreiben oder zur Nationalmannschaft fahren.

Stadionwelt: Gibt es eine Chance, dass ein Umdenken stattfindet? Bei dir oder bei Red Bull? Der neue Verein hat jetzt immerhin einen Schnitt von 14.000 Zuschauern, und sein Konzept scheint aufzugehen.

Mittermaier: Im Grunde nicht – die beiden einzigen Möglichkeiten bestehen darin, dass der ganze Fußball-Hype nach der Euro 2008 abebbt, oder dass es Red Bull irgendwann zu teuer wird, eine Mannschaft für die Champions League zu finanzieren. Da aber nun erwiesen ist, dass sich Zuschauer kaufen und für die Konzerninteressen einspannen lassen, kann es noch lange dauern. Wir haben eine Menge darüber gelernt, wie Propaganda und Meinungsbildung funktionieren. Wir als traditionelle Fans sind mit einer Öffentlichkeit konfrontiert, die in großen Teilen kein Verständnis für unser Anliegen hat, denn viele Medien sind von den Red-Bull-Werbegeldern abhängig und nicht frei in ihrer Berichterstattung. Zudem gilt in Österreich das Prinzip: »Wer Erfolg hat, hat Recht.« Und es gehen nun halt 10.000 Leute ins Stadion, die vorher nie da waren.

Stadionwelt: Ist das eine Kritik an der Mentalität der Salzburger oder der österreichischen Fußballfreunde?

Mittermaier: Man spricht immer davon, dass die österreichische Mentalität zur Unterwürfigkeit neigt, und dazu, nur die Nummer 1 zu akzeptieren. Wenn ich mich an die Zeit unserer großen Europacup-Auftritte Mitte der 90er erinnere, als zu den Spielen Sonderzüge aus ganz Österreich kamen und plötzlich jeder ein Salzburger war ... in anderen Ländern ist es bei weitem nicht so, dass man seinem größten Rivalen die Daumen drückt, weil sie international gegen irgendwelche Bulgaren spielen.

Stadionwelt: Dann habt ihr aber denkbar schlechte Voraussetzungen für euren neuen Club.

Mittermaier: Das ist richtig. Wir erwarten auch keine 15.000 Zuschauer. Das ist eher ein Projekt für 3.000 Leute, vielleicht 5.000, wenn es gut läuft, denn so lange Red Bull so ein Drumherum bietet, werden sie die Masse binden – jedoch niemals die leidenschaftlichen Fans.

Stadionwelt: Welchen Fahrplan verfolgt ihr mit dem neuen Verein?

Mittermaier: Wir versuchen jetzt als wesentlichen Punkt, die Finanzierung auf die Beine zu stellen.

Stadionwelt: Über welche Größenordnung reden wir da?

Mittermaier: Wenn wir einen Etat von 250.000 Euro realisieren können, kann man in der vierten oder fünften Liga schon sehr ambitioniert auftreten. Es gibt einige lokale Sponsoren, die sich sehr interessiert zeigen. Wir sind mit Personen im Gespräch, die viel für Austria Salzburg getan haben, Identifikationsfiguren sind und Leute an den Verein binden können. Außerdem wird es darum gehen, eine Spielgemeinschaft zu bilden, damit wir nicht ganz unten anfangen müssen. Wenn es schnell geht, dann können wir möglicherweise schon in der Winterpause einsteigen und 2007 erstmals aufsteigen. Bis 2010 oder 2012 wollen wir es dann bis in die 2. österreichische Liga geschafft haben. Aber das wollen andere auch. Man kann es nicht exakt auf dem Reißbrett planen.

Unterstützung aus Graz

Ligaweiter Aktionstag, hier Juve-Fans in Parma, Motto: »Mehr Dekrete, weniger Zuschauer: Sind die Fans das Übel des Fußballs?«

Der verkaterte Stiefel

Im einstigen Fußballparadies Italien läuft vieles aus dem Ruder. So viel, dass die Tifosi dem Sport den Rücken kehren.

Was waren das noch Zeiten. Um einen romantisch-verklärten Blick auf die Blütejahrzehnte des italienischen Fußballs zu werfen, muss man nicht allzu lange zurückschauen. Für eine inzwischen zurückgetretene Spielergeneration galt das Credo »Hauptsache Italien«; gleich acht deutsche Lire-Milliardäre standen im Kader, der 1990 den WM-Titel nach Deutschland holte – und die Fans setzen ebenso Maßstäbe. Seinerzeit waren sie in punkto Organisationsgrad und Kreativität allen anderen Ländern um Längen voraus. Heute ist die Party vorüber, in den Kurven des Stiefels zeigt sich ein anderes Bild.
Noch immer ist Fußball in Italien das Gesprächsthema überhaupt. Dafür sorgen schon die drei täglich erscheinenden Sportzeitungen. Über deutsche Legionäre gibt es nichts mehr zu schreiben, selbstverständlich aber gehen die Themen so schnell nicht aus. Denn beim Calcio herrscht das Chaos.
Wenn beispielsweise, wie in dieser Saison, ein Streit um die Anstoßzeiten der Serie B entbrennt, dann sind die Interessenkonflikte inzwischen so verworren, dass ein Ausweg unmöglich erscheint. Insgesamt vier Pay-TV-Kanäle mit rund 7,5 Millionen Abonnenten verlangen nach exklusiven Übertragungs- und Anstoßzeiten. So kam es schon im letzten Jahr dazu, dass die Serie B vorwiegend am Samstagabend spielte. Die aktuelle Verlegung auf den Samstagmittag ist nicht nur den Fans ein Dorn im Auge, sondern auch den Bürgermeistern der Städte. Die einen beklagen, dass sie nicht wie gewohnt zum sonntäglichen Spiel gehen können, da der Samstag in Italien häufig ein regulärer Arbeitstag, oder aber der Familie und dem Shopping gewidmet ist. Die anderen befürchten Umsatzeinbußen, wenn einerseits die Fußballinteressierten nicht mehr zum Einkaufen in die Städte fahren, oder sie andererseits zu viel »Spieltagsaction« in den City-Trubel bringen. Letztendlich haben auch die Lokalpolitiker erkannt, dass sich hier Wählerstimmen gewinnen lassen.
Jeder äußert seinen Unmut in der ihm eigenen Art und Weise. Boykotte und Spruchbänder hier, dort die Autorität des Amtes. Gleich während der Startphase der laufenden Saison verweigerten einige Bürgermeister die Freigabe der Stadien, sorgten so für Rumpf- oder »Salami-Spieltage«. Später setzte sich schließlich der Verband mit einer Klage durch, und die Gerichte sorgten für einheitliche, wenn auch unpopuläre Anstoßzeiten.

Am spannendsten bleibt in Italien allerdings das klassische Schauspiel des Lizenzlottos. Oft dramatischer als jedes Spiel ist das Hoffen und Bangen, das Hin und Her, welcher Club in welcher Liga antreten wird. Mitten in der Ferienzeit stapeln sich auf den Schreibtischen der Gerichte die Akten, während sich diejenigen, die den Spielplan basteln, bequem bis September zurücklehnen können. Möglicherweise droht wieder einmal eine Aufschiebung des Saisonstarts.

Im Sumpf der Korruption

Was jedoch bis dahin passiert, ist mit den Gesetzen der Logik nicht mehr erklärbar. Das kann es auch nicht sein; denn wenn alle Vereine mit leeren Konten den Weg nach unten antreten müssten, blieben dem Profi-Fußball kaum Clubs erhalten. Also greift das System, das sich in Italien stets aktiviert, wenn der letzte und entscheidende Spieltag ansteht. Wer hier gewinnen muss, um drin zu bleiben, der gewinnt in aller Regel auch. Die Verbands- und Clubpatrone erinnern sich an ihr Geflecht von Gefälligkeiten, Gegengefälligkeiten sowie unbeglichenen Rechungen. Das Geheimnis ist so offen, dass die Wettanbieter derartige Spiele meist gar nicht in ihr Programm aufnehmen. Einige Ergebnisse der letzten Jahre: Neapel, Florenz und der AC Turin fanden sich in der Serie C1 oder C2 wieder, während die Pleitegeier in Parma oder bei Lazio weiterhin über Serie-A-Arenen kreisen. Warum auch immer.

Der gemeine Fan fragt sich, welchen Sinn es noch hat, ins Stadion zu gehen, wenn die Entscheidung ohnehin nicht auf dem Rasen, sondern im Juli am grünen Tisch fällt. Empoli ist als einzige Mannschaft im Sommer sportlich in die erste Liga aufgestiegen. Aus der Serie B gab es keinen einzigen sportlichen Absteiger, die Spiele waren also praktisch wertlos. Und wer erinnert sich nicht an die gedopten Spieler von Juve? Ernsthafte Konsequenzen für den Club gab es keine.

Bei Genua 1893 ist der Fall eigentlich klar. Dem Aufsteiger in die Serie A wurde nachgewiesen, dass er sich den 3:2-Heimsieg gegen Venedig erkauft hatte. Und trotzdem fand gerade hier der schwerste Krawall statt. In mehreren Nächten zogen bis zu 3.000 Tifosi durch die Stadt, um gegen den Zwangsabstieg zu protestieren. Eine Anmaßung? Ein klares »Jein«, denn sie haben schon längst verinnerlicht, dass Rechtsmaßstäbe nicht mehr gelten. Das macht es möglich, sich als Fans eines »Täter-Vereins« wie solche eines »Opfer-Vereins« zu fühlen und sich entsprechend zu benehmen.

Vielleicht ist der Verlust der Glaubwürdigkeit des Fußballs das zentrale Problem. Dass der Fußball nicht mehr sauber

Sampdoria: Blocksperre beim Spiel gegen Inter Mailand: »Die Ziele verfehlt, die Stadien leer: Dieses Dekret ist ein Schuss in den Ofen«

Sampdoria: »Nein zum namensbezogenen Ticket«

ist, ist allseits bekannt. Manch einer stört sich wenig daran, andere kämpfen für die Werte und malen ihre Banner, wieder andere resignieren und kehren dem Geschehen den Rücken. Die entsprechenden Fakten sind eindeutig: Von 1998 bis 2003 sank der Zuschauerschnitt der Serie A kontinuierlich von 31.160 auf 25.474. Danach folgten zwei Jahre der Stagnation. 2005/06 wird es allerdings dramatisch. Nur noch 22.117 Biglietti werden im Schnitt verkauft – ein Absturz um 13 Prozent.
Der Rückgang verändert die aktiven Fans und ihre Gruppen. Einige haben sich in den letzten Jahren stark politisiert und nutzen den Fußball diesbezüglich als Bühne – ein Spiel etwa von Livorno gegen Lazio führt allein deshalb schon zu Zusammenstößen –, auch wenn es wie bei Neapel oder Sampdoria weiterhin Kurven gibt, die sich betont unpolitisch geben. Bei anderen Gruppen geht die Entwicklung an die Substanz. Während der laufenden Saison lösten sich zunächst Atalantas *Brigate Nerazzurre*, später noch Milans *Fossa dei Leoni*, zwei Urgesteine der Ultra-Bewegung, auf, ohne sich bei den Gründen zu sehr

Aktionstag in Mailand. Oberes Spruchband: »Akzeptable Preise versprochen – namensbezogene Tickets eingeführt«

in die Karten schauen zu lassen. Waren dies Einzelfälle oder der Auftakt zu einer landesweiten Entwicklung?
Doch wäre es zu eindimensional, den Abwärtstrend auf den Tribünen allein mit einer Frustationsthese zu erklären. Weitere Ursachen liefern die Stadien, die seit der WM 1990 ein weitestgehend vernachlässigtes Dasein fristen, und vor allem die extrem teuren Ticketpreise. 20 Euro kostet ein Platz im Gästesektor von Livorno und 22 Euro bei Reggina. Empoli verlangt für einen Platz in der Heimkurve 25 Euro, und wer bei Juve – Inter dabei sein will, muss in der günstigsten Kategorie gar 50 Euro bereithalten. Und die Preise auf den Tribünen liegen noch weit höher.
Es ist indes gar nicht mehr so einfach, überhaupt eine Eintrittskarte zu bekommen. Seit dieser Saison greift ein von Innenminister Giuseppe Pisanu erlassenes Dekret, das eine verstärkte Videoüberwachung der Ränge fordert.

Sampdoria: »45 Minuten draußen bleiben, um nicht für immer draußen zu bleiben«

Zudem hat auf jeder Karte der Name und in einigen Fällen die Steuernummer des Käufers zu stehen. Die Zeiten, in denen man in Italien die Kurven weitgehend sich selber überließ, gehen ihrem Ende entgegen.

Die Regierung schaltet sich ein

Der durch die Fackelwürfe der Interisti provozierte Spielabbruch des Champions-League-Viertelfinales gegen Milan sowie der Münzwurf bei Roma – Kiew, der Schiri Anders Frisk außer Gefecht setzte, führten der internationalen Öffentlichkeit vor Augen, dass sich der Fußball falsch entwickelt. Die Regierung, derzeit läuft die Bewerbung für die Austragung der Euro 2012, fürchtet um ihr internationales Renommee. Sie schaltete sich ein und

Aktionstag in Padua beim Spiel Treviso – Milan. Das zweite Spruchband richtet sich gegen die vom Verband verhängte Heimspielsperre.

gab eine Untersuchung der Fankultur in Auftrag. Diese brachte zu Tage, dass enge politische und wirtschaftliche Verbindungen zwischen Clubs und Fangruppen bestehen, zudem wird eine »Militarisierung der Gruppen« beschrieben. Infolgedessen blieben in der ablaufenden Saison die Kurven vielerorts leer. Zum einen, weil die Fans sie aus Protest nicht betraten, zum anderen, weil die Polizei bei der Umsetzung des Dekrets Erfolg hatte – wenngleich auch dies nicht mit letzter Konsequenz durchgeführt wird. Der Zutritt zum Stadion ohne im Vorverkauf erworbene Tickets soll unterbunden werden. Es wird jedoch durchaus von Kassenhäuschen berichtet, die wie eh und je an Spieltagen frei verkäufliche Karten anbieten. Weil sich die Registrierung der nachrückenden Zuschauer nur schwer bewältigen lässt, und letzten Endes, weil die schiere Finanznot die Clubs dazu zwingt, ihre Karten offensiv zu verkaufen, wird die Umsetzung der neuen Richtlinien eher lax gehandhabt.

Wie kann der italienische Fußball das Dilemma überwinden? Patentrezepte gibt es nicht, denn die Fans haben längst den Überblick darüber verloren, was die Ursachen und was die Symptome des kränkelnden Fußballs sind. Egal, ob Verband, Vereine, Fans oder Fernsehen – sicher muss jede beteiligte Gruppe ihre Interessen ein Stück weit zurückschrauben, wieder Vertrauen in die anderen Institutionen aufbauen, um das Gesamtkunstwerk zu retten. Das allerdings kann noch Jahre oder Jahrzehnte dauern.

Nicht, dass es keine Gegentrends gäbe – bei den zurückgestuften Clubs aus Neapel, Turin oder Florenz kommen die Zuschauer in Massen. Auch Messina und die aufgestiegenen Treviso und Ascoli verzeichneten zuletzt einen Aufschwung. Im sizilianischen Palermo füllen regelmäßig 37.500 die Ränge, sodass Karten nur noch für den Gästesektor erhältlich sind.

Italien-Klischees arbeiten mit Begriffen wie »heißblütig« oder »leidenschaftlich«, und es gilt die alte Regel: In jedem Klischee steckt immer auch ein Stück Wahrheit. Diese Mentalität kann sich als Rettungsanker erweisen. So schnell ist der Fußball in Italien nicht totzukriegen.

Atalanta Bergamo – AC Mailand

Erster ligaweiter Protest in Holland

Die Fans in den Niederlanden haben in der Saison 2004/2005 damit begonnen, sich vereinsübergreifend zu organisieren. Erste Aktionen gab es, doch der Durchbruch steht noch aus.

Zu Beginn der Spielzeit 2005/06 breiteten die Anhänger von insgesamt 15 Vereinen in den Niederlanden ein Spruchband vor ihren Rängen aus: »Vrijheid voor tifo en supporters« – Übersetzung überflüssig.
Mit ihrer weit gefassten Forderung wehren sich die niederländischen Supporters gegen das negative Image der Fans, und sie prangern die schlechte Behandlung durch die Sicherheitsorgane an. Die in den Niederlanden übliche »Combi«-Regelung, die Koppelung von Auswärtskarten an die Teilnahme an der offiziellen Reise ohne Rücksichtnahme auf den Wohnort, wurde von den Fans schon immer vehement kritisiert, ist also nach wie vor Bestandteil der Protestnoten der Fans. Darüber hinaus fordern sie eine Lockerung des Verbotes von Fahnen und weiteren Tifo-Materialien bei Auswärtsspielen.
Angesichts der ausgeprägten Feindschaften zwischen einigen Fanszenen ist der erste Schritt zu einer gemeinsamen Aktion als solcher bereits eine Leistung. »Im Interesse der gemeinsamen Sache haben wir uns zusammengerissen«, sagt Tim von der Choreo-Gruppe bei Ajax. So konnte ein Treffen mit Ultras, Fanprojektlern und Fanvertretern aller maßgeblichen Vereine stattfinden. Die kleinen Clubs der Liga ohne nennenswertes Fanaufkommen blieben der Natur der Sache gemäß außen vor.
Es bleibt allerdings festzustellen, dass das, was eine Initialzündung sein sollte, als Misserfolg endete. »Es gab auf die Aktion in den Stadien keine Medienresonanz«, beklagt Tim.
Zudem sei es bislang nicht gelungen, die nötigen organisatorischen Strukturen aufzubauen. Dies ist unter anderem darin begründet, dass in den jeweiligen Szenen nur Gruppen von bis zu zehn Fans komplett für die Choreos zuständig sind. »Die wenige Zeit, die da noch übrig bleibt, investieren wir natürlich lieber in Aktivitäten bei unserem Verein als in übergeordenete Aktionen«, erklärt Tim.
Ob sich in Holland Fanbündnisse, die in der Lage sind prägnant aufzutreten, herausbilden werden, ist offen. Zunächst jedenfalls befinden sich keine weiteren gebündelten Aktionen in Planung.

Ultra-Kultur auf dem Vormarsch

In der traditionell eher nach britischem Vorbild ausgerichteten holländischen Fankultur hat sich in den letzten Jahren, weitaus später als in anderen zentraleuropäischen Ländern, die Ultra-Kultur etabliert. Mit *dutchtifo.com* gibt es inzwischen eine Internet-Seite, die sich darauf spezialisiert hat, Atmo-Bilder zu veröffentlichen. *Ultras Magazine* nennt sich das entsprechene Projekt im Print-Bereich. Die Fotos belegen, dass die Fans von Ajax Amsterdam, Wilhem II Tilburg und Twente Enschede aktuell auf dem Choreo-Sektor in Führung liegen.

Ligaweiter Aktionstag im September unter dem Motto »Freiheit für Choreos und Fans«, hier in Amsterdam und De Graafschap

Belgien: Tribunes Libres

Die Forderungen des vereinsübergeifenden Bündnisses belgischer Fangruppen ähneln denen anderer Länder, doch haben sie es bei der Formulierung ihrer Interessen ungleich schwerer.

Aktionsbanner bei Standard Lüttich

Die Forderung »Freie Tribünen!« gibt es in Belgien in mehr oder weniger organisierter Form seit Anfang 2005. Sie mit Nachdruck in der Öffentlichkeit zu vertreten, gelang bisher jedoch nicht. »Belgische Fans sind sehr auf ihren Verein fokussiert«, sagt Wim Geerts, ein Anhänger des KV Mechelen. Hinzu komme die spezifisch belgische Schwierigkeit, dass das Land in Flamen (Nordwesten) und Wallonen (Südosten) aufgeteilt ist. Somit durchzieht Belgien eine sprachliche Trennlinie, und die unterschiedlichen Bevölkerungsgruppen pflegen längst nicht in allen Belangen ein freundschaftliches Verhältnis. »›Tribunes Libres‹, beziehungsweise ›Vrije Tribunes‹ ist zwar allen bekannt, aber eine landesweite Aktion, die der Initiative echte Präsenz verleihen könnte, hat bisher noch nicht stattgefunden«, erklärt Geerts. Bisher bestehe gerade einmal eine Internetseite, und Banner hängen in erster Linie bei den Spielen von Lüttich, Charleroi und St.Truiden. Geerts: »So weit wie *Pro Fans* sind wir hier noch nicht.«

Die Anliegen der Belgier sind einheitliche Anstoßzeiten ohne TV-Diktat, wie auch mehr Bewegungsfreiheit auf den Rängen. Darüber hinaus haben sich die Anhänger zwischen Eupen und Oostende aber auch mit in Deutschland bisher unbekannten Kontrollmechanismen auseinander zu setzen: Tickets erhält man nur bei Besitz einer Fancard, und die An- und Abreise bei Spielen wird deutlich schärfer überwacht. Eine hierzulande übliche Regelung, nach der den Gastvereinen zehn Prozent der Karten zustehen, wäre für belgische Verhältnisse eine traumhafte Quote – fünf Prozent wünscht sich die »Freie Tribüne«.

»Zero tolerance«

Der Vergleich der Anzahl von Ingewahrsamnahmen in Deutschland und England wirft Fragen auf.

In England, so sind sich Sicherheitsexperten einig, ist es der Polizei weitgehend gelungen, die Gewalt bei Fußballspielen zu unterbinden. Die Politik der teuren Tickets und strenge Verhaltensregeln – bereits das Stehen auf Sitzplätzen lässt Stewards einschreiten – haben dafür gesorgt, dass das Land für Verfechter der »Null-Toleranz«-Linie als Paradebeispiel gelten kann.

Die englischen Behörden lassen sich gerne in die Karten schauen und veröffentlichen die »Statistics of football-related arrests«. Innerhalb des Profi-Ligabetriebs gab es in der vergangenen Saison 2.725 Festnahmen. Das sind 11 Prozent weniger als in der Vorsaison, während mit 29.245.870 Zuschauern (in den englischen Ligen spielen 92 Clubs mit Profi-Status) so viel Publikum in die Stadien kam wie seit 35 Jahren nicht mehr. Unter dem Strich macht das eine Festnahme auf 10.732 Stadionbesucher, bei 67 Prozent der Spiele klickten keine Handschellen.

Demgegenüber stehen in Deutschland die Zahlen der »Zentralen Informationsstelle Sporteinsätze« (ZIS), deren aktuellste veröffentlichte Statistik sich auf die Saison 03/04 bezieht. In den 788 hier erfassten Spielen wurden 5.079 »freiheitsentziehende Maßnahmen« durchgeführt – eine deutlich höhere Zahl als in England, obwohl es dort weitaus mehr Anlass für das Eingreifen der Polizei gibt. Denn in englischen Stadien führen etwa rassistische Äußerungen, Alkoholmissbrauch oder der Schwarzhandel mit Tickets konsequent zu Ingewahrsamnahmen. Woran mag es liegen, dass in Deutschland doppelt so viele Fans in Polizeigewahrsam genommen werden wie in England?

England: Stehen im Allseater ruft die Ordnungskräfte auf den Plan

Paris: Vertrag zwischen Fans und Verein

Während beim PSG Anhang und Club eine partnerschaftliche Basis erarbeiten, verschärft Frankreichs Innenminister Nicolas Sakozy landesweit die Maßnahmen.

In Frankreich sorgte 2005 das Geschehen um den Club Paris Saint-Germain (PSG) und seine Fans fortwährend für Gesprächsstoff. Dass Innenminister Nicolas Sarkozy kein Vertreter liberaler Grundsätze sondern der härteren Gangart ist, wurde jüngst anhand seiner Aussagen zu den Ausschreitungen in den französischen Vorstädten deutlich. Aber schon vor einem Jahr hatte er sich mit Jugendlichen beschäftigt – indem er beim PSG einen Sicherheitsbeauftragten installierte. Somit waren Konflikte sowie Proteste seitens der Fans vorprogrammiert. Diese richteten sich dann auch gegen PSG-Präsident Francis Gaille, der zwar kein Freund der Maßnahme des Ministers war, sie aber akzeptierte.

Sobald der Sicherheitsbeauftragte sein Amt aufgenommen hatte, erlebten die PSG-Ultras eine Reihe merkwürdiger Maßnahmen. Sie fanden etwa die ihnen zugestandenen Räume im Stadion verschlossen vor, ein anderes Mal war bei Choreografien das Licht auf den Rängen ausgeschaltet und die Aktionen somit kaum zu erkennen.

Aber nicht nur bei Heimspielen häuften sich die Vorkommnisse. Auswärtskarten wurden nur im Tausch mit dem Personalausweis ausgehändigt – obwohl dazu eigentlich nur die Polizei befugt gewesen wäre. Fans, die ohne Karten zu Auswärtsspielen fuhren, wurden dort nicht ins Stadion gelassen. In Saint-Etienne standen 900 von ihnen vor dem Stadion.

Schließlich schalteten die Fans aus beiden Kurven im Prinzenparkstadion gemeinsam Anwälte ein und gingen mit einer Pressemitteilung an die Öffentlichkeit. Mit Erfolg, denn seither regelt ein Vertrag das Verhältnis zwischen dem Verein und den insgesamt fünf großen Fangruppen. Darin ist unter anderem fixiert, welche Räume im Stadion die Fans für ihre Zwecke nutzen können. Die Freigabe für den Pyro-Einsatz im Stadion strich man nachträglich aus der Abmachung, da der Verein sich nicht über das Gesetz stellen kann. Zum jetzigen Zeitpunkt ist das Verhältnis zwischen Fans und Verein vorbildlich. Es gibt regelmäßige Treffen, und beide Parteien bemühen sich, die Partnerschaft zu pflegen. (Handfeste Auseinandersetzungen zwischen Gruppen der beiden rivalisierenden Kurven untereinander stehen hingegen auf der Tagesordnung.)

Unterdessen hat Nicolas Sarkozy eigens für Fußballeinsätze mit Pariser Beteiligung eine zivile Polizeieinheit (COBP) gegründet, die Unruhestifter aufspüren und identifizieren soll. Vergleichbare Maßnahmen folgten in anderen großen Städten Frankreichs. In Marseille wurde ebenfalls eine Polizeigruppe (BVU) gegründet, weitere Städte wie Saint-Etienne sollen folgen.

Der Innenminister verspricht sich von diesem Maßnahmenkatalog eine Eindämmung der Gewalt und des Einsatzes von Pyrotechnik. Täter haben mit einem Stadionverbot und Geldstrafen zu rechnen.

Proteste in Paris: »Vorstand raus!«, »Graille, tritt zurück!« und »Grailles PSG: Hinsetzen, Mund halten!«

Fußballfans gegen Rassismus

Im Juli 2005 fand im italienischen Städtchen Montecchio bei Parma die neunte antirassistische Fan-WM, die Mondiali Antirazzisti, statt. Aus einem Insider-Tipp ist im Laufe der Jahre ein Fan-Festival geworden.

Konzert in der Open-Air-Arena: Pogo und Pyro mit Los Fastidios

Am Rande der Zeltstadt: Botschaften in allen Farben und Sprachen

Das Fußballturnier: Stollenschuhe sind untersagt.

Abschlusskundgebung: Mit Fackeln und Fahnen auf den Marktplatz

Dass es bei einem antirassistischen Fußballturnier nicht in erster Linie um sportliche Leistungen geht, liegt auf der Hand. Vielen Gruppierungen, die ihre Mannschaft anmelden wollten, musste ohnehin abgesagt werden. Mehr als 192 Teams sind einfach nicht zu bewältigen.

»Jedes Jahr erreicht die Teilnehmerzahl einen neuen Rekord«, so Organisator Carlo Balestri vom *Progetto Ultra* aus Bologna. Dieses Jahr kampierten rund 4.000 Menschen auf dem Zeltplatz, die abendlichen Konzerte zogen zusätzlich geschätzte 2.000 Zuschauer an.

Neben dem völkerverbindenden Sport und dem Kulturprogramm legt man – auch wenn die Ultra-Gruppen aus ganz Europa bis ins Morgengrauen miteinander feiern – nach wie vor großen Wert auf die Kerninhalte. Und so finden am Mondiali-Wochenende zahlreiche Diskussionsveranstaltungen statt, es präsentieren politische Gruppen an Ständen ihr Informationsmaterial, und die zentrale Ausstellung dokumentiert antirassistische Projekte rund um den Fußball.

Die *Mondiali Antirazzisti* sind mittlerweile zur größten Fan-Veranstaltung überhaupt avanciert, und immer mehr deutsche Gruppen nehmen teil. Schließlich bietet sich nirgendwo sonst die Gelegenheit, sich in entspannter Atmosphäre mit unzähligen Gruppen aus dem Ausland auszutauschen. Als Reaktion auf die stetig steigenden Teilnehmerzahlen schauen sich die Veranstalter bereits nach einem größeren Areal um.

BILDER DES JAHRES – INTERNATIONAL

BELGIEN

FC Brügge – *RSC Anderlecht (Saison 2004/2005)*

FC Brügge – *Standard Lüttich*

Standard Lüttich *– FC Brügge (Saison 2005/2006). Spruchband: „Unsere Leidenschaft ohne Repressionen leben, das ist unser Ziel!"*

Standard Lüttich *– Sporting Charleroi (Saison 2005/2006). Spruchband oberes Bild: „Heute Abend brennt die Stadt zum Ruhm des RSCL"*

FRANKREICH

AS St. Étienne – RC Lens (Saison 2004/2005). „Gegen den modernen Fußball“

AS St. Étienne – OSC Lille (Saison 2004/2005)

AS Monaco – AS St. Étienne (Saison 2004/2005). Links: Gästekurve, rechts: Heimkurve

UI-Cup 2005/2006: ***AS St. Étienne*** *– Xamax Neuchâtel. „Lasst uns Europa unsere Krallen zeigen!“*

UI-Cup 2005/2006: Xamax Neuchâtel – ***AS St. Étienne***

AS St. Étienne *– FC Metz (Saison 2005/2006). Spruchband: „Eine ganze Region lebt für euch“*

AS St. Étienne – *FC Istres (Saison 2004/05). Oben: „Unseren Farben ergeben, werden wir immer eure Ehre verteidigen“, Mitte: Halb Engel, halb Dämonen, habt ihr euch geschlagen wie die Teufel. Vielen Dank für diese Saison!“, unten: „Vom Traum zur Realität…“*

AS St. Étienne – *FC Metz (Saison 2004/05). Spruchband links: „In Grün und gegen alle“*

AS St. Étienne – *Paris St. Germain (Saison 2004/05). Spruchband: „Wir sind nicht aus einem Land… wir sind aus einer Stadt!“*

RC Lens – *Girondins Bordeaux (Saison 2004/2005). Spruchband: „Seit einem Jahr Galiboys, für immer Lens-Fans“*

FC Metz – *FC Toulouse (Saison 2004/2005)*

FC Sochaux – ***FC Nantes*** *(Saison 2004/2005)*

Ligapokalfinale 2004/2005: ***Racing Straßburg*** *(oben, Choreotext: „Siegen")* **–** ***SM Caen*** *(unten)*

Racing Straßburg *– Olympique Marseille (Saison 2004/2005).*
„Die Zukunft wird glorreich sein"

Coupe de France (Pokal) 2004/05: ***Olympique Nîmes*** *– AS Saint Étienne.*
„Unser Stolz geht im Osten auf"

FC Toulouse *– Girondins Bordeaux (Saison 2004/2005)*

FC Toulouse – ***OGC Nizza*** *(Saison 2005/2006)*

Olympique Lyon – *FC Metz (Saison 2004/2005). Choreo: „Kämpfen und Siegen“*

Champions League 2004/2005: **Olympique Lyon** *– Werder Bremen: „Stolz auf euch“*

Paris St. Germain – *AS Monaco (Saison 2005/2006). „Nur diese Farben machen uns glücklich“*

Paris St. Germain – *FC Nantes (Saison 2005/2006)*

Olympique Marseille – *Girondins Bordeaux (Saison 2005/2006)*

Olympique Marseille – *OGC Nizza (Saison 2004/2005)*

Olympique Marseille – *Stade Rennes (Saison 2004/2005)*

Olympique Marseille *– Paris St. Germain (Saison 2005/2006)*

Olympique Marseille *– Paris St. Germain (Saison 2004/2005)*

GRIECHENLAND

AEK Athen *– Olympiakos Piräus (Saison 2004/05)*

Panathinaikos Athen *– Olympiakos Piräus (Saison 2005/06)*

Champions League 2005/2006: Udinese Calcio – ***Panathinaikos Athen***

Champions League 2005/2006: ***Panathinaikos Athen*** *– FC Barcelona*

ITALIEN

Inter Mailand – *AC Mailand (Saison 2004/05)*

AC Perugia – *Ternana Calcio (Saison 2004/05). „Mit dem Schnabel und der Kralle, um zu herrschen – wo der Adler fliegt, kann der Schuss nicht treffen"*

Brescia Calcio *– Atalanta Bergamo (Saison 2004/2005)*

Champions League 2004/05: ***Juventus Turin*** *– FC Liverpool. „Was man im Herzen trägt, wird niemals sterben."*

Champions League 2004/05: ***Juventus Turin*** *– Real Madrid. „Schach matt Real"*

Inter Mailand – AC Mailand (Saison 2004/2005). Spruchband zur Choreo: „Lasst uns die dunklen Kräfte des Bösen bekämpfen!"

Inter Mailand – AS Rom (Saison 2004/2005)

Champions League 2004/05: **Inter Mailand** – FC Porto

FC Bologna – Lazio Rom (Saison 2004/2005). „Wir wenden uns ab"

Inter Mailand – ***AC Mailand*** *(Saison 2004/2005). „Mathematik ist keine Meinung…“ Fortsetzung (zweites Spruchband): „…keine Chance für Inter, Meister zu werden“*

Champions League 2004/2005: Inter Mailand – ***AC Mailand.*** *„Kämpft mit der Kurve“*

Champions League 2004/2005: ***Inter Mailand*** *– AC Mailand. „Das Ziel: Die rot-schwarzen Armeen zerstören und Europa erobern“*

Champions League 2004/05: ***AC Mailand*** *– Inter Mailand. „11 Löwen – heute mehr denn je“*

Champions League 2004/05: AC Mailand – ***Inter Mailand****. „Wer wagt gewinnt …und wir werden gewinnen!“*

AC Mailand *– AC Siena (Saison 2005/2006). Proteste gegen die Dekrete des italienischen Innenministers Pisanu. „Nein zum Dekret – Sind Fans das Übel des Fußballs?“*

AC Mailand – **Juventus Turin** (Saison 2004/2005). „Mit vollen Segeln zum Sieg"

Champions League 2004/05: **AC Mailand** – Manchester United

***AC Florenz** – Juventus Turin (Saison 2004/2005)*

***AC Florenz** – AS Rom (Saison 2004/2005)*

*Atalanta Bergamo – **AC Florenz** (Saison 2004/2005)*

*AC Siena – **AC Florenz** (Saison 2004/2005)*

AC Arezzo *– FC Empoli (Saison 2004/2005)*

FC Empoli *– AC Arezzo (Saison 2004/2005)*

FC Empoli *– FC Genoa 1893 (Saison 2004/2005)*

FC Parma *– Juventus Turin (Saison 2004/2005). „Nur wer glaubt, kämpft weiter"*

Pisa Calcio *– US Cremonese (Saison 2004/2005)*

Chievo Verona *– FC Bologna (Saison 2004/2005)*

Frosinone Calcio – ***US Cremonese*** *(Saison 2004/2005)*

FC Messina *– Juventus Turin (Saison 2005/2006)*

Inter Mailand – ***Sampdoria Genua*** *(Saison 2004/2005)*

Sampdoria Genua – *Inter Mailand (Saison 2004/2005)*

NIEDERLANDE

Ajax Amsterdam – *Feyenoord Rotterdam (Saison 2005/2006). Spruchband oben: „Angetreten, um Geschichte zu schreiben"*

Ajax Amsterdam – *Twente Enschede (Saison 2005/2006)*

Ajax Amsterdam – *FC Groningen (Saison 2004/2005)*

Feyenoord Rotterdam – *Ajax Amsterdam (Saison 2005/2006)*

Ajax Amsterdam – *FC Groningen (Saison 2004/2005)*

SC Heracles Almelo – *PSV Eindhoven (Saison 2005/2006)*

FC Groningen – *De Graafschap (Saison 2004/2005)*

De Graafschap – *Maastricht VV (Saison 2005/2006). „Kämpft für uns“*

Roda JC Kerkrade – **FC Twente** *(Saison 2004/2005)*

SC Heracles Almelo – BV Veendam *(Saison 2004/2005)*

FC Twente Enschede – AZ Alkmaar *(Saison 2004/2005)*

ADO Den Haag – FC Den Bosch *(Saison 2004/2005)*

ÖSTERREICH

VfB Admira Wacker Mödling – ***Rapid Wien*** *(Saison 2004/2005)*

Champions League 2005/2006: ***Rapid Wien*** *– FC Bayern München*

VfB Admira Wacker Mödling – ***Rapid Wien*** *(Saison 2004/2005)*

Rapid Wien *– VfB Admira Wacker Mödling (Saison 2004/2005)*

Sturm Graz – **Rapid Wien** (Saison 2004/2005)

Österreichischer Pokal 2004/2005: **Rapid Wien** – Grazer AK

Rapid Wien – Austria Wien (Saison 2005/2005)

Grazer AK – **Sturm Graz** (Saison 2004/2005)

SV Ried – DSV Leoben (Saison 2004/2005)

Austria Wien – Rapid Wien (Saison 2005/2006)

Uefa-Cup 2004/05: **Austria Wien** – FC Brügge

Austria Salzburg – ***FC Wacker Tirol*** *(Saison 2005/2006)*

Austria Wien – *Grazer AK (Saison 2005/2006)*

Austria Wien – *Rapid Wien (Saison 2004/2005)*

POLEN

Uefa-Cup 2005/2006: FC Zürich – ***Legia Warschau***

Legia Warschau *– Polonia Warschau (Saison 2005/2006)*

Lechia Danzig *– Jagiellonia Białystok (Saison 2004/2005)*

Chrobry Głogów – *Miedź Legnica*

Lech Posen – *Wisła Krakau (Saison 2004/2005)*

Wisła Krakau – *Zagłebie Lubin (Saison 2004/2005)*

Zagłebie Sosnowiec – *Lechia Danzig (Saison 2005/2006)*

Zagłebie Lubin – Lech Posen *(Saison 2004/2005). Gemeinsame Aktion der befreundeten Fangruppen*

Słask Wroclaw – *Zagłebie Sosnowiec (Saison 2005/2006)*

Ruch Chorzów – *Szczakowianka Jaworzno (Saison 2005/2006)*

Radomiak Radom *– Kolporter Korona Kielce (Saison 2004/2005)*

Widzew Lodz – Lodzki KS *(Saison 2004/2005)*

PORTUGAL

Academica Coimbra *– Benfica Lissabon (Saison 2005/2006)*

Academica Coimbra *– Vitória Guimarães (Saison 2005/2006)*

Benfica Lissabon *– FC Porto. „Bereit für die Schlacht"*

Benfica Lissabon – SC Beira Mar (Saison 2004/05)

Champions League 2005/2006: **Benfica Lissabon** – OSC Lille

Benfica Lissabon – Sporting Lissabon (Saison 2004/2005)

Sporting Lissabon *– Benfica Lissabon (Saison 2004/2005)*

Uefa-Cup 2004/2005: ***Sporting Lissabon*** *– Newcastle United*

Uefa-Cup-Halbfinale 2004/2005: **Sporting Lissabon** – AZ Alkmaar

Uefa-Cup-Finale 2004/2005: **Sporting Lissabon** – ZSKA Moskau

SCHWEDEN / DÄNEMARK

Schweden: **Örgryte IS** (oben) – **IFK Göteborg** (unten) (Saison 2005)

Dänemark: **Brøndby IF** – Aalborg BK (Saison 2004/2005)

Schweden: Landskrona BoIS – **Malmö FF.** „Schonens Mannschaft“ (Saison 2005)

Schweden: Helsingborgs IF – **Malmö FF** (Saison 2005)

Schweden: **Malmö FF** – Helsingborgs IF (Saison 2005)

Champions-League-Qualifikation 2005/2006, Schweden: **Malmö FF** – FC Thun. „Wir wollen. Ihr könnt – nach Europa! Für Malmö. Für Schonen!“

SCHWEIZ

FC Zürich *– FC Basel (Saison 2005/2006)*

Grasshopper Club Zürich *(unten)* **– FC Zürich** *(oben, mitte) (Saison 2005/2006)*

FC Zürich – Grasshopper Club Zürich (Saison 2004/2005)

FC Zürich – Grasshopper Club Zürich (Saison 2005/2006)

Pokalfinale 2004/2005: ***FC Zürich*** *(oben) –* ***FC Luzern*** *(unten)*

Young Boys Bern – FC Zürich (Saison 2004/2005)

Champions-League-Qualifikation 2005/2006: **FC Basel** – Werder Bremen

Grasshopper Club Zürich – **FC Basel** (Saison 2004/2005)

FC Basel – Young Boys Bern (Saison 2004/2005)

Grasshopper Club Zürich – FC Zürich (Saison 2004/05)

FC Sankt Gallen *– FC Basel (Saison 2005/2006)*

FC Sankt Gallen *– FC Zürich (Saison 2005/2006)*

FC Luzern *– SC Kriens (Saison 2005/2006)*

Champions-League-Qualifikation 2005/2006: ***FC Thun*** *– Sparta Prag*

AUS ALLER WELT

Israel: ***Hapoel Tel Aviv*** *– Hapoel Petah Tikva (Saison 2005/2006)*

Israel: ***Hapoel Tel Aviv*** *– Makkabi Tel Aviv (Saison 2005/2006)*

Ligapokal Israel: Makkabi Haifa – ***Hapoel Tel Aviv*** *(Saison 2005/2006)*

Japan: ***Kawasaki Frontale*** *– Urawa Red Diamonds (Saison 2004/2005)*

Kroatien: ***NK Rijeka*** *(oben)* **–** ***Dinamo Zagreb*** *(unten) (Saison 2004/2005)*

Kroatien, Pokalfinale 2004/2005: ***NK Rijeka*** *– Hajduk Split*

Kroatien: ***Dinamo Zagreb*** *– Hajduk Split (Saison 2005/2006)*

Rumänien: ***Steaua Bukarest*** *– Dinamo Bukarest (Saison 2004/2005)*

Serbien: ***Roter Stern Belgrad*** *– Partizan Belgrad (Saison 2004/2005)*

Spanien: ***Real Madrid*** *– Atlético Madrid (Saison 2004/2005)*

Spanien: ***FC Barcelona*** *– FC Villareal (Saison 2004/2005)*

Spanien: ***UD Las Palmas*** *– Real Valladolid (Saison 2004/2005)*

Champions-League-Qualifikation 2005/2006: ***Lokomotive Moskau*** *– Rapid Wien*

Russland: ***Lokomotive Moskau*** *– ZSKA Moskau (Saison 2005)*

Tschechien, Pokalfinale 2004/2005: 1.FC Slovácko – ***FK Baník Ostrau***

Tschechien: ***Sparta Prag*** *– Slavia Prag (Saison 2005/2006)*

Tschechien: ***1.FC Brünn*** *– FK Baník Ostrau (Saison 2004/2005)*

Tschechien: 1.FK Drnovice – ***FK Baník Ostrau*** *(Saison 2004/2005)*

Champions-League-Qualifikation 2005/2006, Ungarn: ***Debreceni VSC*** *– Hajduk Split*

Ungarn: ***FC Fehérvár*** *– Újpest Budapest (Saison 2005/2006)*

Ungarn: ***Ferencváros Budapest*** *– Újpest Budapest (Saison 2005/2006)*

Ungarn: ***Ferencváros Budapest*** *– FC Fehérvár (Saison 2004/2005)*

Stadionwelt

Das Fan- und Stadionmagazin

Jeden zweiten Monat neu:
Erlebniswelt Stadion!

Über 120 Seiten mit

- Fanszenen-Porträts
- Stadion-Porträts
- Stadion- und Arena-News

und vielen faszinierenden Fan- und Stadion-Fotos aus der ganzen Welt...

www.stadionwelt.de

Faszination Fankurve

Der Bildband mit den schönsten Fan-Fotos aus Deutschland und Europa: Emotionen, Choreografien, Jubel und Protest

Erschienen im Januar 2005
Preis: 15,90 EUR

Online-Bestellung unter www.stadionwelt.de
oder bei Stadionwelt, Schlossstraße 23, 50321 Brühl
Tel: 0 22 32-57 72-27 / Fax: 0 22 32-57 72-11

Jetzt neu: Das große Stadionwelt-Buch über die Stadien der Fußball-WM

Der Zuschlag zur Fußball-WM 2006 hat die deutsche Stadionlandschaft komplett verändert. Es entstanden neue Stadien, die durch ihre moderne Architektur begeistern und Zuschauer magisch anziehen.
In diesem Buch werden erstmals alle zwölf Spielstätten umfassend porträtiert. Mit vielen unveröffentlichten Fotos sowie faszinierenden Luftbildern ermöglicht es eine Reise durch die Fußball-Tempel, auf die sich bei der WM 2006 die Augen der Welt richten werden.
Doch **Faszination Stadion 2006** beschränkt sich nicht allein auf die WM-Spielorte. Der Baumboom der letzten Jahre wird umfassend analysiert, die Spielstätten der EM 2008 und der WM 2010 werden vorgestellt. Und wir blicken zurück auf die Spielorte früherer Turniere sowie die Entstehungsgeschichte der heutigen Stadien.

Faszination Stadion 2006
Die WM-Stadien
Geschichte – Porträts – Ausblick

240 Seiten, ca. 400 Fotos
Preis: 24,90 Euro
für Abonnenten: 19,90 Euro
zzgl. Versandkosten von 3 Euro

Fanbücher

im Stadionwelt-Shop

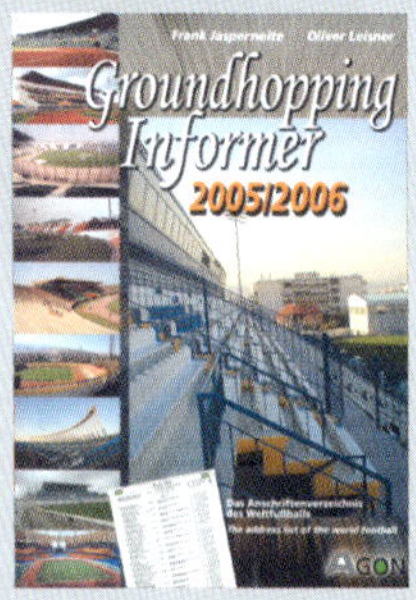

Geil auf Gewalt Unter Hooligans	**15,90 Euro** St0068	Ein Mann wird zufällig Zeuge, wie ein Sonderzug voller Fußball-Fans völlig außer Rand und Band gerät. Die entfesselte Gewalttätigkeit lässt ihn nicht mehr los. Er schleust sich unter die Fans und begleitet sie quer durch Europa.
HOOLIFAN	**12,90 Euro** St0027	Hoolifan ist nicht nur die persönliche Lebens- und Leidensgeschichte von Martin King, einem passionierten Fan des englischen Fußballvereins Chelsea FC, es ist vor allem eine Chronik von nunmehr über dreißig Jahren Fußballgewalt....
Die 100 schönsten Schikanen gegen Fußballfans	**10,00 Euro** St0039	Fußballfans führen öfters ein beschwerliches Leben – immer häufiger aber auch eines, das voll ernsthafter Gefahren steckt. Insbesondere bei Auswärtsfahrten erlebt der Fußballreisende Schikanen durch Ordner und Polizei.
Wenn du am Spieltag beerdigt wirst, kann ich leider nicht kommen	**7,90 Euro** St0058	Die Welt des Fußballfans – Kurvengeschichte und Stimmen zum Spiel. Die Fußball-Bundesliga boomt wie noch nie in ihrer Geschichte. Zehntausende nicht nur jugendlicher Fans hängen mit Leidenschaft und Hingabe an ihren Mannschaften.
Sitzschale Nr. 15 lebt	**14,90 Euro** St0073	Highlights in den unterschiedlichen Fanzines, den von Fußballfans erstellten Zeitschriften, gibt es mehr als genug. Daraus wurde nun ein „Best of Fanzines" erstellt. Spaß, Spannung und Staunen stehen im Vordergrund – ein lesenswertes Buch.
FEVER PITCH	**9,90 Euro** St0042	Gleich sein erstes Buch machte Nick Hornby mit einem Schlag berühmt: „Fever Pitch" ist die Geschichte eines Fans, dessen Leben von den Siegen und Niederlagen seines Clubs bestimmt wird, und hat beim Publikum wahre Begeisterungsstürme entfacht.
I Furiosi Die Wütenden	**13,00 Euro** St0069	Mit seinem Roman lässt Nanni Balestrini die Fussballfans aus den Vorstädten Mailands zu Wort kommen. Er rückt das Stadion als Schauplatz einer bedeutenden Jugendkultur ins Zentrum und schreibt ein Stück linker Geschichte Italiens.
Groundhopping Informer 2005/2006	**12,90 Euro** St0082	Der Groundhopping Informer ist das Anschriftenverzeichnis des Weltfußballs. Auf Stadionsuche in London, das neuste Souvenir vom Aufsteiger aus Kasachstan oder die genaue Stadionbezeichnung für den Journalisten oder Talentspäher, hier finden Sie alle Adressen.
Verrückt nach Fußball	**9,90 Euro** St0037	Ob Anhänger von Borussia Dortmund, FC St. Pauli oder Eintracht Frankfurt – in diesem Buch kommen die Fans zu Wort. Voller Witz, Verbohrtheit und Tragik(komik) berichten sie über entscheidende Spiele, irrwitzige Auswärtsfahrten und bittere Niederlagen...
Terrace Legends Legenden der Stehränge	**14,90 Euro** St127	In diesem außergewöhnlichen Buch haben sich die harten Jungs der verschiedenen Fußball-Mobs vereint, um ihre Erlebnisse auf den Tribünen der Stadien Großbritanniens zu schildern.

Preisänderungen und Fehler vorbehalten